THOMAS RUHL

KRÄUTER KRESSEN SPROSSEN

WARENKUNDE, REPORTAGEN UND REZEPTE VON SPITZENKÖCHEN

Edition Port Culinaire

MATTHAES

BORRETSCH-BLÜTE

LAT. BORAGO OFFICINALIS

HAUPTSACHE BEILAGE. DIE KULINARISCHE RENAISSANCE DER FEINEN BLÄTTCHEN

Im Fokus unserer westlichen Küche stehen heute Fleisch und Fisch. Gemüse und Kräuter verkommen zur Beilage oder schlimmer noch „Sättigungsbeilage". Das war nicht immer so. Lange bevor uns die Supermärkte mit Billigfleisch überschwemmten, gab es ein Stück Fleisch einmal in der Woche. Das, was die Flora hervorbrachte, war unser täglich Brot. Stellt man sich gar Zeiten vor, zu denen unsere heutigen fetten Gemüse wie Kartoffeln oder Paprika noch nicht eingeführt beziehungsweise noch nicht zu fetten Hybriden herangezüchtet wurden, bildeten Suppen, ein großer Topf, in den alles Verfügbare wanderte, die Hauptmahlzeit der einfachen Leute. Vieles sammelte man in der Natur. Die Menschen kannten sich aus. Wussten um den Geschmack der Pflanzen und kannten auch deren heilende Wirkung. Viel Wissen um die Kräuterheilkunde hat sich erhalten. Aber das ist nicht Thema dieses Buches. Das Wissen um die kulinarischen Aspekte der heimischen Pflanzen ist indes verloren gegangen und wird derzeit mühevoll wiederentdeckt. Sicher wünscht sich niemand die schweren alten Zeiten zurück, aber eine ganze Reihe ambitionierter Küchenchefs denken über eine neue Konzeption ihrer Gerichte nach. Kräuter und Gemüse sollen neben Fisch und Fleisch einen gleichwertigen Platz auf dem Teller erhalten oder gar, wie bei Michael Hoffmann und Alain Passard, in den Vordergrund treten. Ausgelöst wurde dieser Trend nicht zuletzt durch die Fleischskandale der Vergangenheit, aber auch durch den Forscher- und Entdeckergeist der wirklich guten Köche. Parallel tauchten auf dem Markt Kräutersammler auf, die Vergessenes wieder in die Küchen brachten und innovative Gartenbaubetriebe, die mit spannenden, neuen Produkten aufwarteten. Über mehrere Jahre sammelte ich Material zu diesem Thema und konnte beobachten, wie sich der Umgang mit diesen grünen Produkten professionalisierte. Heute finden wir Wildkräuter und Blüten ebenso wie Kressen und Sprossen in jedem ambitionierten Restaurant. Aber auch in den Gemüseläden und Frischeabteilungen gut sortierter Supermärkte tauchen sie auf und werden so dem interessierten Hobbykoch zugänglich, der, ebenso wie die Profis, auf den folgenden Seiten viel Neues entdecken wird. Vielleicht hat ja auch der ein oder andere Lust, die beschriebenen heimischen, wilden Arten zu sammeln und sie für die Küche zu entdecken.

Ich wünsche Ihnen viel Vergnügen.

Thomas Ruhl

INHALT

LORBEERBLÄTTER, GETROCKNET

LAT. LAURUS NOBILIS

Inhaltsstoffe

Durch die folgenden Inhaltsstoffe erhalten Kräuter ihre Aromen und Wirkung.

Sekundäre Pflanzenstoffe

Die wichtigsten sekundären Pflanzenstoffe lassen sich in verschiedene Stoffgruppen zusammenfassen:

Flavonoide: Flavonoide sind Pflanzenfarbstoffe, die antioxidativ wirken. Sie hemmen die Gefäßverengung und bremsen unkontrolliertes Zellwachstum.

Glucosinolate: Zu der Gruppe der Glucosinolate zählen die Senföle. Sie wirken antibakteriell und allgemein entgiftend.

Phenolsäuren: Diese Säurengruppe fängt Teile von Molekülen, die sogenannten Freien Radikale, ein. Damit wirken sie antioxidativ und verlangsamen die Alterungsprozesse.

Phytoöstrogene: Zu den pflanzlichen Östrogenen gehören die Isoflavone und Lignane. Sie wirken ähnlich wie die körpereigenen Östrogene und dienen der Prävention hormonabhängiger Krebsarten.

Phytosterine: Sie sind das pflanzliche Gegenstück zum Cholesterin, bewirken aber, dass die Blutfettwerte sinken.

Protease-Inhibitoren: Es handelt sich hierbei um eine Stoffgruppe, die bestimmte eiweißspaltende Enzyme unterdrückt. Heutzutage wird den Protease-Inhibitoren eine krebshemmende Wirkung nachgesagt.

Saponine: Saponine sind bittere Pflanzenstoffe, die in der Gruppe der Nelkengewächse vorkommen. Sie haben eine darmreinigende Wirkung, werden dabei vom Organismus aber kaum absorbiert.

Sulfide: Sulfide sind in der Gruppe der Zwiebelgewächse stark vertreten. Sie sind für den bekannten Geruch nach dem Genuss von Knoblauch oder Bärlauch verantwortlich. Allerdings werden durch die antioxidierende Wirkung auch Mikroorganismen abgestoßen. Somit unterstützen Sulfide die Stärkung des Immunsystems.

Terpene: Diese große Gruppe der Duft- und Geschmacksstoffe mit über 4.000 Terpenen ist bislang nur sehr unzureichend erforscht. Enthalten sind diese Stoffe in den klassisch-ätherischen Würz- und Heilkräutern wie Thymian, Kümmel und Pfefferminze.

Kräutergarten

Kräuter wie Pfefferminze, Oregano und Blattkoriander, aber auch Wildkräuter wie Bärlauch oder Brennessel werden heutzutage auf großen Ländereien angebaut. Zudem lassen sich Kräuter unkompliziert in Töpfen, Kästen und Beeten halten. Neben der ständigen Verfügbarkeit von frischen Kräutern kann man sich an dem herrlichen Duft, dem schönen Aussehen und den summenden Hummeln und bunten Faltern erfreuen. Für den Anbau auf schweren Lehmböden eignen sich: Schnittlauch, Fenchel, Zitronenmelisse, Pfefferminze, Beinwell und Engelwurz. In trockenen Böden wachsen Lorbeer, Knoblauch, Lavendel, Oregano, Rosmarin, Salbei und Thymian gut. Also die klassischen mediterranen Kräuter, die auch viel Sonne brauchen. Aber auch an schattigen Plätzen gedeihen einige Pflanzen: Bärlauch, Waldmeister, Veilchen, Pfefferminze, Petersilie, Meerrettich, Melisse, Engelwurz oder Schnittlauch. Für Topfkulturen sind Kräuter südlichen Ursprungs wie Oregano, Salbei, Estragon, Lavendel oder Thymian am besten geeignet.

Ernte

Grundsätzlich ist es empfehlenswert, die Kräuter unmittelbar vor ihrem Gebrauch zu ernten. Da dazu nicht jeder die Möglichkeit hat, kann auch früher geerntet werden. Jedoch unter der Voraussetzung, dass dies möglichst früh am Morgen geschieht, wenn der Morgentau gerade abgetrocknet ist. Im Zweifelsfalle erntet man, wenn die Kräuter noch etwas feucht sind, denn dann welken sie nicht so schnell. Hilfreich kann hierbei auch ein feuchtes Tuch sein, mit dem die Kräuter im Erntekorb umschlossen werden.

Bei der Ernte von Kräutern ist zu beachten, dass nie mehr als ein Drittel der Pflanze gepflückt wird, damit sie schnell nachwachsen kann und der Bestand nicht gefährdet wird.

Lagerung

Bei richtiger Lagerung sind Wildkräuter recht lange haltbar. Achten Sie dabei auf die folgenden Aspekte:

1. Lagern Sie nach Sorten getrennt.

Zwar können zwei Arten in demselben Behälter aufbewahrt werden, sofern sie dort separat deponiert werden können. Dadurch verhindert man, dass die robusten Kräuter nicht durch die kurzlebigeren verdorben werden.

2. Lagern Sie die Kräuter kühl.

Für die Aufbewahrung der meisten Arten genügt das Gemüsefach des Kühlschranks bei 2 bis 4 °C. Doch auch hier gibt es Ausnahmen: So gehört Basilikum genauso wenig in den Kühlschrank wie Tomaten. Die Tomaten verlieren ihr Aroma und Basilikum „erfriert" ab 4 °C.

3. Geben Sie Ihren Kräutern Feuchtigkeit, aber keine Nässe.

Stellen Sie das Kräuterbündel nicht in ein Glas Wasser, denn meist fault es sehr schnell und die Kräuter duften nicht mehr, sondern riechen unangenehm. Grund ist der aufkommende Sauerstoffmangel, der Fäulnis verursacht. Trotzdem ist Feuchtigkeit notwendig, um das Welken hinauszuzögern. Am einfachsten ist es, die Kräuter in feuchte Tücher einzuschlagen und diese so ins Kühlfach zu legen. Von der Aufbewahrung in Plastiktüten ist abzuraten, da das Wasser an der Tüteninnenseite oft kondensiert und die Kräuter an diesen Stellen faulen.

Für die ideale Kräuteraufbewahrung füllt man eine Plastikdose 2 Zentimeter hoch mit groben, gewaschenen Kieselsteinen und staut sie zur Hälfte mit Wasser an. Auf den Kies legt man ein Haushaltsvlies und darauf die Kräuter. Verschlossen mit einem Deckel stellt man die Dose zur Lagerung in den Kühlschrank. Ebenfalls gut eignet sich für die Frischhaltung ein leicht feuchtes Küchenpapier, das man auf den Boden eines verschließbaren Glases oder einer Kunststoffbox gibt.

Trocknen und Einfrieren

Kräuter lassen sich durch Trocknen gut konservieren. Die meisten Kräuter schmecken frisch freilich am besten, aber gerade mediterrane Kräuter wie Thymian, Rosmarin oder Estragon bewahren, richtig gelagert, längere Zeit ihr Aroma. Einige Kräuter wie Lorbeer und Oregano gewinnen durch Trocknung gar an Intensität. Zum Trocknen bündelt man die Kräuter zu Sträußen und hängt sie an einen gut belüfteten, warmen Ort, jedoch nicht in die pralle Sonne, da sie dort zu viel ätherische Öle verlieren würden. 20–23 °C sind ideal. Schnüren Sie die Bündel nicht zu groß, um auch im Inneren eine gute Durchlüftung zu erreichen. Verfärben sich die Blätter schwarz, ist das Kraut verdorben. Dann war die Umgebungsluft zu feucht oder zu kühl. Sicher ist die Methode, die Kräuter im Ofen bei 50 °C zu trocknen. Zur Aufbewahrung krümeln Sie die Blätter in verschließbare Gläser und bewahren sie dunkel und kühl auf. Versichern Sie sich, dass die Kräuter wirklich gut durchgetrocknet sind. Sonst wird sich Schimmel bilden. Getrocknete Kräuter eignen sich auch hervorragend, um Grillgut zu aromatisieren. Werfen Sie dazu die Zweige in die Glut. Einige Kräuter eignen sich durchaus auch zum Einfrieren. Dazu die Kräuter waschen und am besten hacken. So lassen sie sich platzsparend in Plastikbeuteln oder portioniert in Eiswürfelschälchen einfrieren.

Kochen mit Kräutern

Besonders feine Kräuter wie Dill oder Kerbel gibt man erst kurz vor dem Servieren zu. Bei robusteren wie Salbei, Blattpetersilie oder Thymian ist es ratsam, einen Teil beim Garen zurückzuhalten und diesen erst vor dem Servieren zuzugeben. Das sorgt einerseits für eine aromatische Durchdringung des Gargut und andererseits für einen herrlichen Duft durch die entweichenden ätherischen Öle aus den frischen Kräutern. Wenn Sie Kräuter und Gewürze mitkochen, die Sie später nicht essen wollen, wie Lorbeerblätter, Pfefferkörner oder Nelken, geben Sie diese in kleinen verschnürten Leinentüchlein oder einem Teeei bei. So ersparen Sie sich später lästiges Herausfischen.

Foto: Kevin Fehling, Demeter, Olaf Schnelle, Ralf Hiener

DER GARTEN DER GÖTTIN DEMETER

ZU BESUCH BEI „ESSBARE LANDSCHAFTEN"

Ich besuche den Sternekoch Kevin Fehling im Columbia Hotel Travemünde. Unser Gespräch kommt auf das Thema Kräuter und „Essbare Landschaften". Genau wie Kevin kaufen viele deutsche Spitzenköche hier Wild- und Gartenkräuter. Da wir beide den Gartenbaubetrieb noch nicht gesehen haben, beschließen wir eben mal hinzufahren. Das mit dem „mal eben hinfahren" wird eine Fahrt von zwei Stunden mitten ins tiefste McPom (Mecklenburg-Vorpommern), genauer gesagt das Gutshaus Boltenhagen in Süderholz. Die stark verwitterte Fassade hat etwas Mondänes. Verziert mit einer Figur von Demeter, der Göttin der Fruchtbarkeit... wie passend! Drapiert vor ihrem Gesicht eine pralle rote Rose, an der sie zu riechen scheint.

Nein, reich wird man durch das Sammeln und Verkaufen von Kräutern nicht, so wie es aussieht. Das macht man aus Liebe und lebt selbst bescheiden. Und trotzdem werden Ralf Hiener und Olaf Schnelle, die Inhaber des Gartenbaubetriebes, hier im Dorf als die „Schlossherren" bezeichnet. Beide empfangen uns herzlich, und wir nehmen trotz leichten Nieselregens draußen an einem einfachen Holztisch zum Reden und Kaffeetrinken Platz.

Gut Boltenhagen

Das Gut ist gemietet und wird nur während der Saison genutzt. Im Winter steht es leer und hat daher auch gar keine Heizung. „Essbare Landschaften" ist ein saisonales Geschäft mit einem harten Winter.

Überall erahnt man noch das fast höfische Treiben, das hier auf dem Gut in Mecklenburg-Vorpommern vor dem katastrophalen Krieg geherrscht haben muss. Hier trieben pralle Mägde Gänsescharen über den Hof, und stramme Knechte lenkten üppig beladene Pferdefuhrwerke. „Der alte Briest", der Letzte der hier ansässigen Grundbesitzerdynastie, hat noch einmal viel fachliche Intelligenz in das 1880 erbaute Gut einfließen lassen. Er legte Teiche zur Bewässerung an, pflanzte eine Streuobstwiese mit 20 heute „alten" Apfelsorten so geschickt an, dass jederzeit frische Früchte zur Verfügung standen, baute Stallungen und eine Brennerei.

Ernten statt jäten

Im März 2000 war der offizielle Start des Unternehmens „Essbare Landschaften". Ralf Hiener und Olaf Schnelle übernahmen das Gut Boltenhagen.

Die Geschäftsidee: Das, was viele in ihren Gärten als Unkraut bezeichnen und bekämpfen, wollen sie gezielt anbauen und wild sammeln, um es als kulinarische Spezialität zu vermarkten. Unkraut ist immer das, was der Gärtner nicht in seinem Garten haben möchte. So werden aus dem Unkraut Giersch oder der Brennnessel, für die meisten Gärtner eine unausrottbare Plage, bei „Essbare Landschaften" edle Wildkräuter. Diese Idee war neu, und alle Medien stürzten sich auf das Thema und machten „Essbare Landschaften" schnell berühmt. Spitzenköche wurden aufmerksam, im besonderem Maße ist Michael Hoffmann aus dem Berliner Margaux zu nennen, der das Thema und das Unternehmen stark fördert. Aber ganz so neu war die Idee nicht wirklich. Lange bevor sich unsere Vorfahren Gemüse leisten konnten und unsere heute ertragreichen Gemüsepflanzen gezüchtet und eingeführt wurden, stand das, was „Essbare Landschaften" heute anbietet, auf der täglichen Speisekarte der Menschen unserer Regionen. Hiener und Schnelle greifen also auf altes Wissen zurück, und so verdanken wir ihnen, dass verborgene kulinarische Schätze wieder auftauchen. Kulinarische Schätze – darauf liegt die Betonung. Zwar schreibt man vielen dieser Pflanzen auch heilende Wirkung zu, doch das ist ein anderes Thema. Und bestimmt nicht das von „Essbare Landschaften".

Überlebenstraining

In den 1970er und 1980er Jahren war Rüdiger Nehberg in den tiefen Urwäldern Deutschlands unterwegs und ernährte sich nur von dem, was er unterwegs fand. Schnecken, Beeren und Kräuter standen auf seinem Speiseplan. Die Medien waren voll von Geschichten über ihn. Als Überlebenstrainer nahm er, gut honoriert, Manager mit auf seine Touren, um sie noch härter und skrupelloser für den täglichen Kampf um die Gewinne der Aktionäre zu machen. Ob ihm das gelang, weiß ich nicht. Aber er begeisterte den jungen Olaf Schnelle für den Survivalgedanken. Ausgestattet mit einem alten russischen Pflanzenbestimmungsbuch machte er sich von Erfurt aus zu Fuß auf den Weg zur Ostsee. Und er wollte sich nur von dem ernähren, was er unterwegs an Kräutern fand. Nun, vielleicht war es die falsche Jahreszeit oder es war das russische Pflanzenbestimmungsbuch, das mehr sibirische als preußische Pflanzen beschrieb, wie auch immer. Ausgehungert brach er sein Vorhaben auf halber Strecke ab und nahm den Zug. Aber eins hatte er gelernt. Das, was er an Wildpflanzen gefunden und gegessen hatte, schmeckte ausgesprochen gut, zum großen Teil jedenfalls.

Ein Waldläufer und der weiße Hirsch

Ralf Hiener ist gelernter Koch. Seine Lehre absolvierte er in seiner Heimatstadt Bad Säckingen. Dann trieben ihn die Wanderjahre vornehmlich durch angesehene Restaurants im Süden unserer Republik, bis er 1997 als Inhaber und Küchenchef das Restaurant „Zum weißen Hirsch" in Born auf dem Darß übernahm. Falls Ihnen das nicht geläufig sein sollte: Es liegt in Mecklenburg-Vorpommern. Hiener kochte ambitioniert, vornehmlich mit regionalen Produkten, mit Gemüse aus der Region und dem Müritz-Lamm.

Eines Tages tauchte ein Waldläufer bei ihm auf, der ihm einen Korb voll selbst gesammelter Wildkräuter verkaufen wollte. Er erzählte Hiener, dass er Gartenbau studiert, danach Biokläranlagen in Berlin gebaut habe. Nun sei er in seine Heimat zurückgekehrt, um sie auch hier zu bauen. Aber, oh Wunder, niemand wollte sie haben. Dann habe er sich auf ein Survivaltraining, das er früher gemacht habe, besonnen und sei auf die Idee gekommen, Wildkräuter zu sammeln und zu verkaufen. Ralf Hiener war begeistert, und so wurde „Zum weißen Hirsch" der erste Kunde von Olaf Schnelle. Eines der ganz großen Abenteuer, auf die man sich in unserer Zeit noch begeben kann, ist, ein modern-ambitioniertes Restaurant in Born auf dem Darß zu eröffnen. Leider wurde das immer mehr zu einem finanziellen Abenteuer, sodass Heimer und Schnelle, mittlerweile Freunde, beschlossen, etwas Neues zu machen und „Essbare Landschaften" zu gründen.

Sammlerleidenschaft

Wohlwollend gefördert mit Mitteln staatlicher Stellen wurde die Gründung möglich. Heute ernährt der Gartenbaubetrieb einige Menschen, von denen die Meisten in den Gärten arbeiten oder zum Sammeln von Wildkräutern unterwegs sind. Insgesamt werden 6 Hektar in direkter Nähe des Hofes bewirtschaftet. Um Bestellungen zu bearbeiten, bewaffnen sich vorwiegend Sammlerinnen mit Korb und Messer, begeben sich in Garten, Feld und Wald und pflücken liebevoll die gewünschten Kräuter. Ein unglaublicher Aufwand; gemessen daran sind die Preise für die Produkte sehr moderat. Frische Ware, aber auch Saucen oder Obstprodukte sind unproblematisch auf dem Versandweg zu bekommen. Ganz klar, „Essbare Landschaften" ist ein Biobetrieb. Bioprodukte sind von Menschen unter ökologischen Gesichtspunkten produzierte bzw. gefarmte Produkte. Für Nahrungsmittel, die ohne direkte Einflussnahme des Menschen heranwachsen, benutze ich den Begriff organisch. Im Fall „Essbare Landschaften" sind das die Kräuter und Blüten, die wild gesammelt werden. Einige davon stellen wir Ihnen hier vor. Zur Beschreibung der Kräuter übergebe ich nun den Schreibtisch an Ralf Hiener und Olaf Schnelle. Folgen Sie uns nun zu einem Spaziergang durch die „Essbaren Landschaften".

Borretsch

Borago officinalis
Familie: Boraginaceae, Raublattgewächse, Borretschgewächse
Synonyme: Herzfreude, Gurkenkraut
Herkunft: Südeuropa

Der Borretsch ist ein einjähriges Kraut mit großen, behaarten Blättern, das zirka 60 Zentimeter hoch wird und blaue Blüten bildet. Aufgrund der enthaltenen Pyrrolizidinalkaloide wird Borretsch immer weniger in der Küche verwendet. Diesen Stoffen wird nachgesagt, dass sie der Leber schaden können. Allerdings ist der Verzicht auf Borretsch nicht begründet. So enthält die Pflanze im frischen Zustand gerade mal 0,0008% der Menge an Pyrrolizidinalkaloiden, die man pro Tag bedenkenlos zu sich nehmen kann und ist somit als Küchenkraut vollkommen unbedenklich. Zudem sprechen auch viele gute Inhaltsstoffe wie Gamma-Linolensäuren für den Borretsch.

Aufgrund des kräftigen Gurkenaromas lässt Borretsch sich sehr gut zu Blattsalaten servieren und im Sommer zur Gurkenkaltschale. Ebenso ist dieses Kraut ein wichtiger Bestandteil für die Frankfurter „Grüne Sauce".

WEISSE
BORRETSCH-BLÜTE
LAT. BORAGO OFFICINALIS

Beinwell
Symphytum officinale
Familie: Boraginaceae, Raublattgewächse, Borretschgewächse
Synonyme: Milchwurz, Wallwurz, Bienenkraut
Herkunft: Südeuropa, Afrika und Nordamerika

Beinwell, in England „Comfrey" genannt, ist mit bis zu einem Meter etwas größer als Borretsch und besitzt ästige, steif behaarte Stängel mit großen ovalen bis länglichen Laubblättern, die ebenfalls behaart sind und am besten im Frühsommer geerntet werden. Für den Anbau im eigenen Garten streut man die Saat zum Frühjahrsbeginn aus und sammelt später nur die kleinen Pflänzchen ein. Man sollte außerdem immer einige Pflanzen unberührt lassen, damit sie Blüten und später Samen bilden, die mit der Zeit ausfallen und im nächsten Jahr neue Keime hervorbringen. Aufgrund der in dem Kraut enthaltenen Stoffgruppe „Pyrrolizidinalkaloide", der eine krebserregende Wirkung nachgesagt wird, ist es ebenso wie der Borretsch in Verruf geraten. Allerdings sind die Pflanzen dosiert durchaus verträglich und enthalten wertvolle Inhaltsstoffe wie beispielsweise hochwertige Proteine. Junge Beinwellblätter bereichern mit ihrem kräftigen Gurkenaroma grüne Salate, und blanchiert lassen sie sich mit Ziegenfrischkäse oder einem Gemüseragout füllen.

Falscher Jasmin
Philadelphus coronarius
Familie: Hortensiengewächse
Herkunft: Südeuropa bis Ostasien

Der Falsche Jasmin ist eine herrlich reichblühende, duftende Gartenpflanze. Sie wird 2 bis 3 Meter hoch und trägt weiße Blüten. Ihr angenehmer, aromatischer Duft entfaltet sich am besten an sonnigen bis halbschattigen Standorten und auf durchlässigen, sandig-lehmigen Gartenböden. Ihre Blütezeit ist von Mai bis Juli, und im Vergleich zum echten Duftjasmin ist der Falsche oder Deutsche Jasmin völlig neutral und eignet sich somit lediglich als Dekoration.

Buchweizen
Fagopyrum esculentum
Familie: Polygonaceae, Knöterichgewächse
Synonyme: Heidenkorn, türkischer Weizen
Herkunft: Asien

Der Buchweizen gehört wie Rhabarber und Sauerampfer zu den Knöterichgewächsen, in gemahlener Form lassen sich seine Früchte aber ähnlich wie Getreide verarbeiten. Allerdings besitzt Buchweizen keine Eigenbackfähigkeit wie beispielsweise Weizen oder Roggen, weshalb man ihn gerne mit diesen echten Getreidearten, die zur Familie der Süßgräser gehören, mischt. Sehr beliebt ist die glutenfreie Körnerfrucht als Beigabe zu verlockenden Pfannkuchen oder Waffeln, sie kann aber auch zahlreichen anderen Teig- und Backwaren beigemischt werden.
Die geschälten Nussfrüchte der nährstoffreichen Kulturpflanze bestehen aus circa 70 Prozent Kohlenhydraten und sind mit 10 Prozent sehr reich an hochwertigem Eiweiß. Im Gegensatz zu Getreide enthalten sie neben vielen Vitaminen und Mineralien auch die essenziellen Aminosäuren Lysin und Tryptophan. Die hohe Konzentration des Pflanzenschutzstoffes Rutin verleiht den Früchten antioxidative Eigenschaften und dient dem Zellschutz. Daher sollte man sie ruhig öfter in Aufläufen, Suppen und Klößen einsetzen. Geröstet gibt Buchweizen Müslis und Desserts eine leicht nussige Note, und als Risotto ist er besonders in Verbindung mit Pilzen ein Genuss. Schon seit dem Mittelalter ist Buchweizen mit seinen dreikantigen Samen, die stark an Bucheckern erinnern, in ganz Mitteleuropa als Nutzpflanze zu finden und kommt heute kaum noch im Wildwuchs vor. Die Ernteerträge sind unterschiedlich hoch, denn die Nussfrüchte, die jährlich in der Zeit zwischen Juli und Oktober in den Blüten heranwachsen, sitzen sehr locker und können leicht herausfallen.

BUCHWEIZEN
LAT. FAGOPYRUM ESCULENTUM

ORANGENTHYMIAN

LAT. THYMUS VULGARIS
VAR. FRAGRANTISSIMUS

Thymian
Thymus vulgaris
Familie: Lamiaceae, Lippenblütengewächse
Synonyme: Römischer Quendel
Herkunft: Europa

Thymian ist eine kleine, verholzende, mehrjährige Pflanze mit meist kleinen grau-grünen Blättern und rosa Blüten. Thymian ist nicht sehr anspruchsvoll, allerdings sollte er nicht zu trocken werden, da das Aroma sonst schnell harzig wird.
Thymian zählt zu der Familie der Lippenblütengewächse und bringt eine Vielzahl verschiedener Artgenossen mit sich. Der Gartenthymian wird üblicherweise zusammen mit fettem Fleisch oder aber als Heilmittel genutzt. Allein von ihm gibt es etliche Sorten mit unterschiedlichem Wuchs und Aroma. Daneben gibt es zum Beispiel noch den Zitronenthymian mit seinen zahlreichen Varianten sowie den Kümmel-, Orangen- und Oreganothymian.
In der mediterranen Küche ist Thymian als Kraut nahezu unentbehrlich. Egal ob gebratener Fisch oder Fleisch, die Beigabe eines Zweigleins Thymian sorgt augenblicklich für einen wunderbaren Duft. Unersetzlich ist Thymian in allen klassischen Saucenfonds sowie in Schmorgerichten. Orangen- bzw. Zitronenthymian, auch goldgelber Thymian genannt, verleiht den Gerichten eine angenehme Frische.

Pfefferoregano
Origanum samothrake
Familie: Lamiaceae, Lippenblütengewächse
Herkunft: Mittelmeerraum, Kreta

Der Pfefferoregano ist eine krautige Gewürz- und Heilpflanze, die 20 bis 70 Zentimeter hoch wird. Es handelt sich um eine besonders aromatische Oreganoart, mit den typischen Aromen des klassischen wilden Majoran, jedoch mit einer markanten Schärfe im Abgang.
In der Küche eignet sich der Pfefferoregano sehr gut zum Aromatisieren eines Bratenfonds oder, mit feinen Weißbrotkrümeln vermischt, als Kruste für ein Lammkotelett.
Die Blätter und Triebspitzen sollten bei Bedarf frisch geerntet oder getrocknet werden.

Melisse
Nepeta cataria var. citriodora
Familie: Lamiaceae, Lippenblütengewächse
Herkunft: Mittelmeergebiet, Kleinasien

Die Melissen sind überwiegend mehrjährige Pflanzen mit zum Teil sehr hohem Zierwert.
Es gibt eine große Vielfalt unterschiedlichster Melissenarten. Aber so unterschiedlich die Optik, so sehr unterscheidet sich auch der Geschmack im Detail. Während die Zitronenmelisse eher etwas Metallisches hat, geht die Zitronenkatzenminze in Richtung Verveine, dem bekannten, aber nicht winterharten Zitroneneisenkraut. Die einjährige moldavische Melisse schmeckt etwas erdig, und die Goldmelisse weist Bergamottetöne auf.
Das kulinarische Feld lässt sich vielseitig nutzen, sei es zur Verfeinerung von Salaten oder auch zur Aromatisierung von Süßspeisen. Wunderbar erfrischend ist ein sommerlicher Eistee aus Zitronenmelisse oder eine knallgrüne Erbsensuppe, in die man fein geschnittene Blättchen der Pflanze gibt und die im Sommer auch kalt serviert werden kann. Aus der Goldmelisse lässt sich ein Auszug gewinnen, mit dem sich anschließend verschiedene Süßspeisen zubereiten lassen. Im Vergleich zur fruchtig-säuerlichen Zitronenmelisse ist die Weiße Melisse kräftig-herb im Geschmack. Weiße Melisse eignet sich nicht zur Verwendung im Dessertbereich, eher zur Aromatisierung von glasiertem Gemüse oder aber in der asiatischen Küche, wo man sie auch in Verbindung mit gebratenem Geflügel verwenden kann. Melisse eignet sich gut für Kräutermischungen und Salatmarinaden. Aber nicht mitgaren!
Geerntet werden grundsätzlich die Triebspitzen, die ruhig auch blühen dürfen.

Brennnessel
Uritica dioica
Familie: Urticaceae, Nesselgewächse
Herkunft: Europa und Asien

Die Brennnessel ist eine bis zu 1,60 Meter hohe, mehrjährige Pflanze mit graugrünen Blättern, die spitz zusammenlaufen und einen gezackten Rand haben. Diese Spitzen bohren sich bei Berührung in die Haut und Nesselgift fließt in die Wunde, das das gefürchtete Brennen und Jucken hervorruft.
In der Küche sind die jungen Triebspitzen eine wunderbare Alternative zu Spinat und anderem Blattgemüse. Der angenehme Duft nach frisch gemähter Wiese entsteht vor allem dann, wenn man ein klassisches Rahmgemüse (Brennnesselcreme) zubereitet. Eine Paste, hergestellt aus blanchierten und fein pürierten Trieben, mit Olivenöl und Meersalz, eignet sich gut als Geschmacksträger für Suppen, Risotto oder Pastavarianten. Zu Speisezwecken werden von der Brennnessel immer nur die jungen Triebspitzen geerntet, also bis zum vierten Blattpaar. Wenn man die Nesseln regelmäßig mäht, entwickeln sie ständig neue Triebe und die Blätter bleiben jung.

Basilikum
Ocimum basilicum
Familie: Lamiaceae, Lippenblütengewächse
Herkunft: Afrika, mittlerer Osten, Indien und Südostasien, Anbau im Mittelmeergebiet

Die Sortenvielfalt des Basilikums bringt eine Fülle unterschiedlicher Blattformen und -farben mit sich. Nach ungefähr sieben Blattpaaren wird eine endständige Blütenähre getrieben. Die Blütenfarbe reicht von weiß bis tiefpurpurn. Wie die Herkunft zeigt, bevorzugt Basilikum warme und feuchte Standorte.
Die Inhaltsstoffe des Basilikums wie ätherische Öle, Gerbstoffe und Flavonoide wirken als Tonikum und helfen so bei Verdauungsstörungen, Blähungen und Appetitlosigkeit, aber auch gegen Darmparasiten.
Die große Arten- und Sortenvielfalt ergibt sich aus den unterschiedlichen Herkünften und der schon Jahrhunderte langen züchterischen Bearbeitung. Allein italienisches Basilikum gibt es in unüberschaubarer Fülle, woraus ebenso viele verschieden schmeckende Pestovarianten resultieren. Das französische Basilikum ist dem Genoveser Basilikum sehr ähnlich, allerdings ist es kleiner und lieblicher im Geschmack.
Neben dem berühmten roten Basilikum gibt es auch Basilikumsorten, die anders gefärbt sind. Beispiele dafür sind Anisbasilikum, Zitronenbasilikum, Limonenbasilikum und Zimtbasilikum, die genauso schmecken wie sie heißen.
Darüber hinaus gibt es noch das „wilde" Basilikum, das geschmacklich an Piment erinnert.
In der Küche sind die Zubereitungsmöglichkeiten von Basilikum nahezu unendlich. Für Saucen und Schaumsuppen, aber auch für Gnocchi, Risotto und Pastavariationen ist diese Pflanze ein klassisch verwendetes Kraut. In konservierter Form kann Basilikum neben Pesto auch als Salz genutzt werden. Dazu mixt man grobes Meersalz mit reichlich Basilikum und streut dieses zum Schluss auf gedünsteten Fisch.
Geerntet wird Basilikum genauso wie das Franzosenkraut.

BASILIKUM-
BLÜTE

BRONZEFENCHEL

LAT. HYSSOPUS OFFICINALISFOENICULUM
VULGARE V. RUBRUM

Bronzefenchel
Foeniculum vulgare „Atropurpureum"
Familie: Apiaceae, Doldenblütengewächse
Herkunft: Mittelmeergebiet

Der Bronzefenchel ist mit 2 Metern Höhe und zirka 1,5 Metern Breite eine recht große Pflanze. Das Laub ist dillähnlich, nur etwas gröber.
Bei dem eigentlichen Bronzefenchel sind die Blätter dunkelbraun-rötlich gefärbt, im Gegensatz zu den normalen Fenchelblättern, die hellgrün sind. Auch die Blüten haben starke Ähnlichkeit mit jenen des Dills, allerdings sind die Dolden etwas größer und haben eine dunklere Färbung.
Im Gegensatz zum normalen Fenchel, der häufig etwas metallisch ist, haben die jungen Blätter des Bronzefenchels ein schönes, warmes Anisaroma. Kulinarisch können zudem die unreifen Samen sehr gut für Salat und zum Garnieren verwendet werden. Außerdem kann das feine Laub in der Küche wie Dill zubereitet werden. Fenchel kann im Garten ein paar Jahre am selben Ort stehen. Allerdings wird die Pflanze nicht sehr alt, schon gar nicht im feuchtkalten Norden. Dort ist es wichtig, die Pflanze erst im Frühjahr zurückzuschneiden.

Engelwurz
Angelica sylvestris (Waldengelwurz) und Angelica archangelica (Angelika, Arznei-Engelwurz)
Familie: Apiaceae, Doldenblütengewächse
Herkunft: Europa, Asien

Die Engelwurz ist eine bis zu 2 Meter große, zweijährige Pflanze mit großen, gefiederten Blättern. Die Blüten stehen hoch über dem Laub in großen ballförmigen Dolden.
Die Engelwurz besitzt ein einzigartiges Aroma, welches sich sofort entfaltet, wenn man die Blätter zwischen den Fingern zerreibt. In Frankreich wurde dieses Aroma sogar als Nascherei in Form von kandierten Blattstielen angeboten. Allerdings ist der Herstellungsprozess recht mühselig und somit ist die Engelwurz heutzutage eigentlich nur Bestandteil verschiedener Magenliköre. Dafür verwendet man in der Regel nur die Wurzeln der Kulturform Angelica archangelica.
Für die Verwendung in der Küche werden nur die jungen Blattstiele geerntet. Die Stiele werden wie Rhabarber geschält, in Stücke geschnitten und anschließend einige Tage in Zuckerwasser eingelegt. Danach werden sie im Ofen bei etwa 50 °C getrocknet. In dieser Form kandierte Engelwurz ist ein köstlicher Knabbersnack. Wenn man die Stängel mit Marzipan oder mit einer Mandelcreme füllt, ergeben sich daraus interessante Petit Fours, ein klassisches Kleingebäck der französischen Küche. Die Ernte ist zweimal in Jahr möglich: im April und Mai sowie im September. Beim Pflücken der Stiele sollte man etwas vorsichtig sein, weil die Engelwurz phototoxische Substanzen enthält, die im Zusammenhang mit Sonnenlicht Hautreizungen hervorrufen können.

Dill
Anethum graveolens
Familie: Apiaceae/Umbelliferaceae, Doldenblütler
Synonyme: Dille, Gurkenkraut, Dillfenchel, Bergkümmel
Herkunft: Asien

Diese uralte Arznei- und Küchenpflanze kommt wildwachsend heute leider kaum noch vor, im heimischen Garten aber säen sie viele Menschen jedes Frühjahr – wegen ihrer abwechslungsreichen Einsatzbarkeit in der Küche – aus. Dabei bevorzugt das mineralstoffreiche Kraut feuchte und sonnige Plätze in eher windstiller Lage, was die überaus feinen, nadeldünnen und weichen Blätter der Pflanze schützt. Ihre großen Doppeldolden tragen zierliche gelbe Blüten und ovale braune Spaltfrüchte, die zwischen Juli und September heranreifen und sich hauptsächlich über den Wind ausbreiten. Bei der industriellen Herstellung erfolgt der Anbau sowohl im Freiland als auch in Gewächshäusern, wobei man zwischen dem Anbau auf dem Boden oder in Behältnissen mit Kultursubstrat unterscheidet.
Die Ernte der Blätter ist den ganzen Sommer hindurch möglich, im Hochsommer enthält der Dill aber das meiste Aroma. Die Früchte hingegen können erst gesammelt werden, sobald sie sich bräunlich verfärben. Sie enthalten ein fettes und ätherisches Öl, welches – ähnlich wie Kümmel – in der Heilkunde bei Verdauungsbeschwerden zum Einsatz kommt. Die Früchte eignen sich gut zum Trocknen, während das Dillkraut bei dieser Art der Konservierung sehr viel von seiner Würzkraft verliert. Frisch genossen ist es ziemlich süß, mit Komponenten von Anis und Kümmel.
Dill lässt sich verschiedensten Gemüsen beigeben, würzt Eingelegtes – besonders Gurken – und aromatisiert sowohl Fisch- als auch Fleischgerichte. Die Blätter veredeln Kräuterdressings und die Früchte werden gerne unter Brotteig gemengt. Auch zu Hülsenfrüchten passt das Doldenblütengewächs, es sollte aber nie mitgekocht werden, da es sonst sein Aroma verliert.

DILLDOLDE
LAT. ANETHUM GRAVEOLENS

SPITZWEGERICH

LAT. PLANTAGO LANCEDATA

Spitzwegerich
Plantago lanceolata
Familie: Plantaginaceae, Wegerichgewächse
Herkunft: Europa, Asien

Beim Spitzwegerich handelt es sich um eine mehrjährige Pflanze, die längliche, bis zu 45 Zentimeter breite, in Rosetten wachsende Blätter trägt. Den Spitzwegerich gibt es in prägnanten bzw. feineren Aromen.
Um die Pflanze im Nahrungsbereich zu verwenden, eignen sich Spitzwegeriche aus Kulturen besser, da die jungen Blätter hier nicht allzu zäh werden. Die zähen Nerven werden entfernt und der Spitzwegerich roh als Salat, zu Quarkspeisen oder gekocht als Gemüse und für Kräutersuppen genommen. Man kann ihn auch mit anderen, milderen Kräutern mischen. Spitzwegerich-Blätter werden getrocknet als Tee zubereitet oder frisch zu einem Salat, Sirup oder Honig verarbeitet.

SAUERKLEE

LAT. OXALIS ACETOSELLA

Sauerklee
Oxalis acetosella
Familie: Oxalidaceae, Sauerkleegewächse

Der Wald-Sauerklee wächst von Mai bis September im tiefsten Wald und bedeckt größere Flächen des Waldbodens mit einem zarten Laub. Im Gegensatz zu dem optisch ähnlichen Glücksklee besitzt der Wald-Sauerklee nur drei Blätter. Daher wird er auch oft als Symbolpflanze gesehen. Die drei Blätter stehen für die Einheit von Körper, Geist und Seele, anders als der vierblättrige Klee, der das Glück symbolisieren soll.
In der Küche verwendet man den Sauerklee als Ersatz für Essig und Zitrone in kleinen Mengen für Salate und für die Zubereitung von grüner Sauce. Aber er ist mit Vorsicht zu genießen, da er Oxalsäure enthält, die in größeren Mengen giftig wirkt.

Melde (rot, magenta und weiß), Gänsefuß
Melde: Atriplex hortensis, Gänsefuß: Chenopodium album
Familie: Chenopodiaceae; Gänsefußgewächse
Herkunft: weltweit

Die Melden und Gänsefüße sind so eng verwandt, dass sie im Allgemeinen pauschal als „Melde“ bezeichnet werden. Es handelt sich überwiegend um einjährige Arten, die als Unkraut auftreten und zwischen 20 und 100 Zentimeter hoch werden. Es gibt aber auch den Baumspinat, der über 2 Meter hoch werden kann und aufgrund der jungen magentafarbenen Blätter auch Magenta-Melde genannt wird. Er kann in der Küche sehr gut als farblicher Blickfang eingesetzt werden.
Die Gartenmelde ist ein uraltes Gemüse, in gewisser Weise Vorgängerin des Spinats. Die meisten Melden und Gänsefüße werden daher auch heute noch in der Küche genauso zubereitet wie Spinat.
Als Ausnahme in dieser Familie wird die Epazote (Gänsefuß) häufig als Würzkraut für fette Fleischgerichte und Hülsenfrüchte benutzt. Da es als Würzkraut unbekannt ist, muss man sich häufig erst überwinden, es zu probieren, da es einen sehr eigenartigen Geruch hat. Dieser wandelt sich jedoch durch die Erhitzung in ein Aroma, das dem von Thymian und Zitrusschale ähnelt.

ROTE MELDE
LAT. ATRIPLEX HORTENSIS VAR. RUBRA

Fette Henne
Sedum telephium
Familie: Dickblattgewächse
Synonyme: Mauerpfeffer
Herkunft: Europa

Die Fette Henne ist eine Pflanze mit bis zu 50 Zentimeter Höhe, die kleine runde Blätter und gelbe Blüten trägt. In Deutschland kommt sie recht häufig vor und gehört auch zu den häufigeren Alpenblumen. Durch ihren robusten, winterharten Charakter eignet sie sich auch für ungeschützte Kübel und Balkonkästen.
Kulinarisch schmeckt dieses Kraut besonders gut im Frühjahr, wenn die Blätter noch geschlossene Knospen sind. Fette Henne schmeckt dann wie Salatgurke und findet Verwendung in einem Salat oder aber als glasiertes Gemüse. Mit zunehmendem Alter schmecken die saftigen Blätter leider etwas bitter.

Süßdolde
Myrrhis odorata
Familie: Apiaceae, Doldenblütengewächse
Synonyme: Myrrhenkerbel
Herkunft: maritimes Mitteleuropa

Die mehrjährige Süßdolde hat ein farnartiges Laub mit deutlicher Behaarung und wird bis zu 40 Zentimeter hoch. Die weißen Blütendolden ragen über das Laub hinaus.

Es gibt in Europa wohl kaum eine Pflanze, die so süß schmeckt. In der Küche kann man sowohl die Blätter als auch die Blüten verwenden. Beide ergeben auf dem Teller eine sehr schöne, schmückende Beilage. Die Blätter können aber auch gehackt an Suppen, Soßen, Salate, Omeletts, Eintöpfe und Kohlgerichte gegeben werden.
Das intensive Aroma jedoch steckt in den unreifen Samen. Hier muss man etwas Erfahrung sammeln, denn das Samenkorn wird recht groß – zu klein sollte man es nicht ernten. Wird es aber zu alt, dann wird es sehr schnell faserig und ungenießbar. Die Samen werden über Obstsalate gestreut oder gemahlen in Marmeladen oder Süßspeisen gemischt.
Die Wurzeln werden in Stücke geschnitten und als Salatgemüse gekocht. Ausgezeichnet verträgt sich die Süßdolde aber auch mit Minze, Lorbeer oder Melisse.

Wiesenkerbel
Anthriscus sylvestris
Familie: Apiaceae, Doldenblütengewächse
Herkunft: Europa

Der Wiesenkerbel besitzt farnartige Blätter mit leichter Behaarung. Das Laub wird bis zu 70 Zentimeter hoch und die weißen Blütendolden sogar etwa 130 Zentimeter.
Man sollte vom Wiesenkerbel weder das liebliche Aroma des Küchenkerbels noch jenes des Myrrhenkerbels erwarten. Der Wiesenkerbel schmeckt herb nach einer Mischung aus Karotte und Petersilie.
In der Lebensmittelindustrie findet er sowohl in Mischsalaten, Spinat, Gemüsebrühe als auch zur Würzung diverser Speisen, in Kräuterkäse, aber auch in Kräutergemüsesuppen Verwendung.
Mittlerweile ist die Pflanze so oft in der Landschaft vertreten, dass man sie als essbares Wildkraut nicht außer Acht lassen sollte. Allerdings ist Vorsicht geboten, da man es leicht mit dem Schierling oder etwa dem betäubenden Kälberkopf, zwei der giftigsten Kräuter Europas, verwechseln kann.

Red Giant (roter Senf)
Brassica campestris
Familie: Kohlgewächse
Herkunft: China

Der Red Giant ist ein wichtiger Bestandteil der asiatischen Küche. Alle oberirdischen Pflanzenteile sind essbar. Die jungen Blätter des Senfs schmecken im ersten Moment etwas nach mildem Kohl (Chinakohl), dann kommt jedoch schlagartig ein schönes Senfaroma mit entsprechender Schärfe zum Vorschein. Sie können ideal als Salat oder als gedämpftes Gemüse zubereitet werden.

GELBSENF

LAT. SINAPIS ALBA

Waldmeister
Galium odoratum
Familie: Rubiaceae, Rötegewächse
Herkunft: Europa

Der Waldmeister ist eine bis zu 40 Zentimeter hoch werdende, ausdauernde Pflanze mit sechs bis neun quirlständig angeordneten Blättern. Im Mai bildet er viele kleine weiße Blüten.
In der Lebensmittelindustrie wird der Waldmeister oft als Aromastoff in Süßwaren (Wackelpudding) sowie in alkoholischen Getränken (Vermouth, Kräuerliköre, Maibowle) benötigt. Allerdings entsteht aus dem Glycosid Melilotosid während des Trocknungsvorganges das für den Waldmeistergeruch verantwortliche Cumarin. Dieses steht im Verdacht, bei Langzeitverwendung oder höherer Dosierung Leberschäden auszulösen.
Man kann die Pflanze allerdings auch einsetzen, um mit Hilfe des Geruchs die Motten aus dem Kleiderschrank fernzuhalten.

Gelbsenf
Sinapis alba
Familie: Brassicaceae, Kreuzblütengewächse
Synonyme: Weißer Senf
Herkunft: Europa, Asien

Unter Senf versteht man in Deutschland jene Paste, die aus den gemahlenen Samen der Pflanzenarten Sinapis alba oder Brassica nigra (Schwarzer Senf) in Verbindung mit Essig und anderen Gewürzen gewonnen wird. Im Gartenbau gibt es einen Gründünger namens Gelbsenf, der in Wirklichkeit nichts anderes ist als der Weiße Senf.
Im asiatischen Raum gibt es Senf als echte Salatkräuter und als Gemüse, aber auch die europäischen Senfarten sind grün verwendbar. Alle Senfsorten sind, unabhängig von ihrem Standort, scharf, was wiederum an den sogenannten Senfölglycosiden liegt. Diese sorgen für eine antibakterielle Wirkung. Es besteht aber ebenfalls die Möglichkeit, Senf aus dem Saatgut anderer Pflanzenarten zu gewinnen, wie zum Beispiel der Brunnenkresse oder dem Ackerhellerkraut.

Sauerampfer
Rumex acetosa
Familie: Polygonaceae, Knöterichgewächse
Herkunft: Europa

Zu den klassischen Frühlingskräutern zählt der mehrjährige Sauerampfer. Er kommt auf Wiesen mit ausreichender Wasserversorgung vor.
Die wild wachsende Pflanze trägt längliche, pfeilspitzenähnliche Blätter und im Laufe des Frühlings erhält der Sauerampfer seine klassischen Blüten. Ab Beginn der Blütezeit werden die übrigen Pflanzenteile weniger mit Nährstoffen versorgt, daher sollte man für eine dauerhaft ertragreiche Ernte die Blüten stutzen. Den Kanadiern gelang es, dem Ampfer das Blühen abzugewöhnen. Dieser Zuchterfolg heißt Profusion und blüht nie. Er lässt sich nur durch Teilung vermehren, so kann man tatsächlich das ganze Jahr über in großen Mengen Sauerampfer ernten, nicht nur weil er nie blüht, sondern weil er außerdem sehr schnellwüchsig ist und die Blätter mindestens doppelt so groß sind wie die der Wildform. Für die Verwendung in der Küche werden vom Sauerampfer ausschließlich die jungen Blatttriebe verwendet. Die aparte Säure verleiht Salaten einen Hauch Exotik. Legendär ist der berühmte Lachs mit Sauerampfer der Gebrüder Troisgros, Mitbegründer der Nouvelle Cuisine in den 1970er Jahren. Dafür gibt man in eine klassische Beurre Blanc sehr fein geschnittene Sauerampferstreifen und übergießt damit den Lachs. Inzwischen findet Sauerampfer aber auch in der Dessertabteilung seinen Platz: als Sauerampfer-Honigeis, welches hervorragend zu vollreifen Beeren schmeckt.

Blutampfer
Rumex sanguineus
Familie: Polygonaceae, Knöterichgewächse
Synonyme: Hain-Ampfer
Herkunft: Europa

Die auffallend roten Adern machten diese Ampferart zu einer beliebten Zierpflanze, doch auch im Salat, über Suppen gestreut oder als säuerlich mariniertes Gemüsebett macht das Knöterichgewächs mittlerweile einen guten Eindruck. Verwendung finden allerdings nur die jungen Blätter, die wesentlich milder im Geschmack sind als die anderer Sauerampfergewächse.

BLUTAMPFER
LAT. RUMEX SANGUINEUS

Römischer Sauerampfer
Rumex scutatus
Familie: Polygonaceae, Knöterichgewächse
Herkunft: Europa

Unbedingt erwähnt werden sollte auch der Schildampfer oder Römische Ampfer, dessen Säure noch edler ist als die des Sauerampfers. Leider sind die Blätter aber deutlich kleiner und er blüht den ganzen Sommer über. Auch häufiger Rückschnitt hilft da nur wenig.
Zu den Heilpflanzen kann man die Ampferarten leider nicht zählen, da diese Arten große Mengen an Oxalsäure und Oxalaten enthalten.

MOSCHUSMALVE
LAT. MALVA MOSCHATA

Moschusmalve
Malva moschata
Familie: Malvaceae, Malvengewächse
Herkunft: Europa, Asien, Amerika, Afrika

Die Malve blüht ein- oder mehrjährig und kann zwischen 60 und 150 Zentimeter hoch werden. Die Blätter sind teilweise gelappt bis nahezu kreisrund. Malven blühen meist rosa, aber es gibt auch weiße und dunkelviolette Formen. Malven zählen zu den uralten Heilpflanzen, weil sie mit ihrem hohen Gehalt an Schleimstoffen reizlindernd wirken. Kulinarisch ist von allen Malven die Moschusmalve zu bevorzugen. Zum einen sind ihre stark gelappten Blätter äußerst dekorativ, zum anderen übertreffen sie auch geschmacklich alle anderen Malvenarten.
Bei der Ernte werden die Blätter mit der Hand angezupft. Zudem sollte man die Pflanze öfter zurückschneiden, weil sonst der Malvenrost unschöne Flecken auf den Blättern hinterlässt.

Rote Malve
Hibiscus sabdariffa
Familie: Malvaceae, Malvengewächse
Synonyme: Afrikanische Malve, Hibiscus, Sabdariff-Eibisch, Karkade, Roselle
Herkunft: Tropisches Afrika

Hibiscus ist die größte Gattung aus der Familie der Malvengewächse und vom einjährigen Strauch bis zum mehrjährigen Bäumchen in ganz unterschiedichen Wuchsformen vertreten. Die Rote Malve erreicht als einjährige krautige Pflanze Höhen von über zwei Meter und entwickelt an rötlichen Stängeln und Blattaustrieben gezähnte und mehrlappige grüne Blätter. Im oberen Bereich entfalten sich in den Blattachseln einzelne fünfzählige Blüten. Die Blütenkelche leuchten in schönen Gelb- oder Rottönen und besitzen eine dunkelrote Mitte. Getrocknet lässt sich aus ihnen ein erfrischender und vitaminreicher Aufguss zubereiten. Wegen des angenehm säuerlichen Geschmacks und der erstaunlichen Farbintensität ist die Afrikanische Malve als Hauptbestandteil in zahlreichen Früchteteemischungen vertreten. Eine alkoholhaltige Variante bietet Sekt oder Champagner, der mit in Zucker eingelegten Blüten serviert wird. Einen ebenso schönen Blickfang verspricht zudem ein mit Afrikanischer Malve angereichertes rotes Salz.

ROTE MALVE
LAT. HIBISCUS SABDARIFFA

Schafgarbe
Achillea millefolium
Familie: Asteraceae, Korbblütengewächse
Herkunft: Europa, Asien

Diese mehrjährige Pflanzenart besitzt neben den Wildformen zahlreiche Zierformen. In den letzten Jahren haben die Züchter unterschiedlichste Blütenfarben erzielen können, von Weiß über Gelb, Orange, Rot bis hin zum Violett.
Jedoch zählt dieser Flor nicht zu der Gruppe der essbaren Blüten. Sie sind so zäh, dass man davon höchstens einen Aromaauszug bereiten kann. Zum Verzehr sind eher die fein gewimperten Blätter geeignet. Sie sollten jung geerntet werden, denn ältere neigen dazu, faserig zu werden. Geschmacklich zählt die Schafgarbe zu den herben, harzigen Kräutern mit einem gehörigen Gehalt an Bitterstoffen, die sehr appetitanregend wirken.
Die Sumpfschafgarbe, auch Bertramskraut genannt, und das Muskatkraut sind Verwandte der Schafgarbe. Beide Arten haben wesentlich zartere Blätter, sind aber trotzdem weniger Salat- als vielmehr Würzkräuter.
Die Verwendung der Schafgarbe gleicht jener der Kamille. Man bereitet damit Tee, Salatbeilagen oder Wildgemüse zu.

ECHTER KORIANDER

LAT. CORIANDRUM SATIVUM

Echter Koriander
Coriandrum sativum
Familie: Apiaceae/Umbelliferaceae, Doldenblütler
Synonyme: Wanzenkraut, Gartenkoriander, arabische, asiatische, chinesische oder indische Petersilie
Herkunft: Südosteuropa, Mittlerer Osten

Die einjährige, bis zu einem Meter hoch wachsende Pflanze trägt gefiederte Blätter und Doppeldolden aus weiß bis rosa blühenden Blumenköpfen, die runde blassbraune Früchte ausbilden. Diese besitzen ein völlig anderes Aroma als die hellgrünen Blätter und kommen in den verschiedenen Kulturkreisen mit unterschiedlicher Häufigkeit zum Einsatz. In Europa verwenden Köche eher die Samen, in Asien und Südamerika hingegen ist das Kraut sehr beliebt. Es ähnelt im Aussehen sehr der glatten Petersilie und hat ein scharfes Aroma mit Komponenten von Moschus und Zitrone. Die bekannte kanarische Würzsoße „Mojo verde" auf Essig-Öl-Basis erhält ihre Farbe beispielsweise häufig durch eine Kräutermischung aus Petersilie und Koriander. Sie wird zu Fleisch, Fisch und Brot gereicht.
Die Samen des Doldenblütengewächses sind äußerst vielseitig einsetzbar und verfeinern Hauptgerichte wie Desserts gleichermaßen. Sie bereichern herzhafte Fleisch-, Kürbis- oder Kohlgerichte und leichte asiatische Fischkreationen ebenso wie süße Backwaren und Kompott. Gemahlen ist Koriander wichtiger Bestandteil von Currypulver oder Lebkuchengewürz. Beim Einsatz in der Küche sollten die Koriandersamen jedoch immer möglichst frisch gemahlen oder gemörsert werden, damit ihre Aromenvielfalt erhalten bleibt.

Bohnenkraut
Satureja hortensis
Familie: Lippenblütler
Herkunft: östlicher Mittelmeerraum und Schwarzmeergebiet

Das Bohnenkraut ist eine zirka 40 Zentimeter hohe, winterharte einjährige Pflanze mit schmalen, graugrünen Blättern, auf denen viele kleine Öldrüsen in Form von Pünktchen sichtbar sind. Die Blütezeit der lavendelrosa bis purpurfarbenen Blüten erstreckt sich von Juli bis September. Zu dieser Zeit ist das Aroma am stärksten.
In Mitteleuropa wird die beliebte Heil- und Gewürzpflanze seit dem 9. Jahrhundert angebaut. In der Küche wird das klassische Küchenkraut natürlich bei der Zubereitung von Bohnengemüse verwendet und erhöht dessen Eigengeschmack deutlich. Aber auch beim Braten von weißem Fisch entsteht ein toller Geschmack. Zudem eignet sich das Bohnenkraut auch beim Überbacken von kräftigen Fleischgerichten wie Rind oder Lamm.

Franzosenkraut
Galinsoga parviflora (kleinblütiges Franzosenkraut)
Galinsoga ciliata (behaartes Franzosenkraut)
Familie: Asteraceae, Korbblütengewächse
Synonyme: Knopfkraut
Herkunft: Neue Welt; mittlerweile ist es weltweit eingebürgert

Beim Franzosenkraut handelt es sich um eine einjährige Pflanze, die extrem frostempfindlich ist und folglich erst ab Mai auftaucht. Dann allerdings meistens in Massen und bevorzugt auf gut versorgtem Grabeland. Zudem ist es ein sehr hartnäckiges Kraut, denn wenn man es durch Jäten oder Abflammen nicht sofort bekämpft, wird man es in der Regel schwer wieder los.
Für die kulinarische Verwendung ist das nackte Franzosenkraut zu bevorzugen, da es etwas angenehmer auf der Zunge ist und die Blätter sehr vielseitig schmecken. Man kann sie z. B. als Salat oder Wildspinat zubereiten. Franzosenkraut wird geerntet wie Basilikum. Von der gesamten Pflanze werden nur die vier obersten Blätter bzw. die zwei obersten Blattpaare mit dem Daumennagel abgekniffen. Dabei sollte das untere Blattpaar möglichst sofort von den Stielen getrennt werden. Durch diese Methode erreicht man, dass die Pflanze aus den Blattachseln immer neue Triebe entwickelt und die Blütenbildung unterdrückt wird. Denn die Blüten werden schnell zäh und damit ungenießbar.

GLOCKENBLUME
LAT. CAMPANULA PATULA

Glockenblume
Campanula patula
Familie: Glockenblumengewächse
Herkunft: weltweit in gemäßigten Zonen

An den kräftigen, pyramidenförmigen Pflanzen hängen zahlreiche große, geöffnete, glockenförmige Blüten, die je nach Sorte weiß, rosa, lichtblau, dunkellila, dunkelblau, dunkelviolett sind. Sie erreichen eine Höhe von 30 bis 150 Zentimetern und haben eine Blütezeit von Juni bis Juli oder August. Besonders gut wachsen sie auf frischen, nährstoffreichen, sandigen Gartenböden in sonniger bis halbschattiger Lage.
Die Glockenblumen sind vorwiegend in der koreanischen Küche vertreten. Sie werden als rübenartige Wurzeln oder Knollen benutzt, im Herbst wie Spargel gekocht oder roh für Salate verwendet. Die Blüten eignen sich außerdem gut zum Verzieren von Speisen.

VERGISSMEINNICHT

LAT. MYOSOTIS

Vergissmeinnicht
Myosotis
Familie: Raublattgewächse
Herkunft: Europa, Asien

Das Vergissmeinnicht ist eine zirka 20 Zentimeter hohe Pflanze mit länglich-lanzettförmigen, behaarten Blättern. In der Zeit von März bis Mai blüht sie in überwiegend blauen, teilweise aber auch weißen und rosafarbenen Blüten. Die botanische Bezeichnung Myosotis stammt aus dem Griechischen und bedeutet „Maus-Ohr", was sich auf die zugespitzten Blätter bezieht. Die deutsche Bezeichnung „Vergissmeinnicht" ist dadurch entstanden, dass die Blüten früher als Symbol der Liebe und Erinnerung galten.
Die Blüten sind geschmacksneutral und können zum Beispiele einem Wildkräutersalat als Blickfang zugegeben werden.

HIRTENTÄSCHEL

LAT. CAPSELLA BURSA-PASTORIS

Hirtentäschelkraut
Capsella Bursa-Pastoris
Familie: Kreuzblütengewächse
Herkunft: Europa

Das Hirtentäschelkraut ist ein ein- bis zweijähriges Kraut, das bis zu 70 Zentimeter hoch wird. Die Blätter sind länglich und schmal mit gezähntem Rand. Sie wachsen am unteren Ende des Stängels und dürfen nicht mit den Schoten verwechselt werden, die sich an der Lände des Stängels befinden. Die Form der Schoten ist charakteristisch herzförmig bis dreieckig. Von ihnen hat die Pflanze auch ihren lateinischen Namen, da sie wie die Taschen von Hirten geformt sind (lat. capsa = Kapsel, bursa = Tasche und pastor = Hirt).
Es handelt sich um eine sehr hartnäckige Wildpflanze, die unter Umständen das ganze Jahr über blüht, teilweise werden sogar bis zu vier Generationen im Jahr gebildet.
Aufgrund seiner Vitamin-C-haltigen leicht scharfen Blätter ist das Hirtentäschelkraut sehr beliebt in der Wildpflanzen-Küche. So eignet es sich sehr gut als Beigabe zu Salaten oder als Würzung für einen Kräuterdip.

Vogelmiere
Stellaria media
Familie: Caryophyllaceae, Nelkengewächse
Herkunft: Europa, Asien bzw. weltweit eingebürgert

Die kleine krautige, flach wachsende Pflanze, deren ei- bis herzförmigen Blätter paarweise am Stängel stehen, wächst fast das ganze Jahr auf gut mit Humus versorgten Äckern oder Gartenland.
Die unterschiedlichen Saponine, Phytosterole und Flavonoide helfen bei Hauterkrankungen und sei es nur, dass sie Juckreiz lindern.
Von der Vogelmiere erntet man die Triebspitzen, die noch schön dicht von Blättern umgeben sind. Manchmal sind dies nur 2 Zentimeter, manchmal auch wesentlich mehr. Das hängt davon ab, ab welcher Stelle der Stängel zäh zu werden beginnt. Der Daumennagel ist also optimales Ernte- und Prüfinstrument, wenn es darum geht, erstklassiges Grün zu ernten. Sonst ist die Messerklinge auch erlaubt. Das schöne Grün schmeckt nach jungem Mais.

Brunnenkresse
Rorippa nasturtium-aquaticum (Nasturtium officinale)
Familie: Brassicaceae, Kreuzblütengewächse
Herkunft: Brunnenkresse kommt weltweit in fließenden Gewässern vor.

Bei der Brunnenkresse handelt es sich um eine mehrjährige krautige Pflanze, die bevorzugt in sauberem, langsam fließendem, nährstoffreichem Wasser vorkommt. Dabei treibt sie ihre Blätter und weißen Blüten über die Wasseroberfläche hinaus. Leider ist sie aufgrund des besonderen Standortes relativ schwer kultivierbar. In Erfurt gab es das bedeutendste europäische Anbaugebiet, dessen Quelle leider nicht mehr so ergiebig wie früher ist, so dass sich die Kulturfläche extrem reduziert hat.
Die Blätter der Brunnenkresse enthalten sehr viel Vitamin C sowie ein gutes Verhältnis von Senfölglycosiden, Bitterstoffen und ätherischen Ölen, das nicht nur einen extrem hohen gesundheitlichen Wert, sondern auch ein phantastisches Aroma schafft.
Brunnenkresse überzeugt durch ihr kräftiges Aroma und ihre Schärfe. Die gezupften Blättchen bereichern sowohl Salate als auch kalte Vorspeisen. Ebenso gut ist die Verwendung für Schaumsuppen und Saucen möglich, insbesondere zu gebratenem Fisch oder Geflügel. Mit einem Brunnenkressepesto lassen sich Pastavariationen sehr schön verfeinern.
Die Brunnenkresse wird von den ersten frostfreien Tagen an bis zur Blüte im Mai geerntet. Dabei pflückt man nur die Triebspitzen bis zum sechsten Blatt. Im Mai bildet die Pflanze Samen, aus denen ein ausgezeichneter Mostrich hergestellt werden kann. Eine zweite Erntesaison ergibt sich von Ende September bis in den Winter.

Große Kapuzinerkresse
Tropaeolum majus
Familie: Tropaeolaceae, Kapuzinerkressegewächse
Synonyme: Blumenkresse, Salatkresse, spanische, türkische oder indische Kresse
Herkunft: Südamerika

Botanisch ist die Kapuzinerkresse zwar nicht mit der Gartenkresse verwandt, aber auch sie enthält Senfölglykoside, die ihr antibakterielle Eigenschaften und einen pfeffrig-scharfen Geschmack verleihen. Die in vielen Formen und Farben kultivierte Zierpflanze schmückt mit ihren auffälligen glockenförmigen Blüten jeden Salat und die geschlossenen Knospen der unausgereiften Früchte sind eingelegt ein genussvoller Kapernersatz. Auch für die Namensgebung der Pflanze sind die essbaren Blüten verantwortlich, denn sie ähneln den Kopfbedeckungen der Kapuzinermönche.

GROSSE KAPUZINERKRESSE

LAT. TROPAEOLUM MAJUS

Gartenkresse
Lepidium sativum
Familie: Brassicaceae, Kreuzblütengewächse
Synonyme: Pfefferkraut, Pfeffergras
Herkunft: Asien

Da die Gartenkresse in Teilen Asiens auch heute noch im Wildwuchs vorkommt, lokalisiert man hier den Ursprung der Pflanze, die bei uns wegen ihrer Anspruchslosigkeit und natürlich wegen ihres pikanten Geschmacks so beliebt ist. Die Gartenkresse gedeiht auch ohne Düngerzufuhr, wächst auf feuchten Untergründen aller Art und eine Ernte ist schon wenige Tage nach der Aussaat möglich und sollte stets vor der Blüte geschehen.
Durch ihren hohen Gehalt an Mineralien und Vitamin C ist die Kresse eine gesunde Zutat in cremigen Quarks und kalten Kartoffelgerichten. Sie passt zudem besonders gut zu Eierspeisen und als leicht scharfe Komponente auch zu rohem Fisch. Die pfeffrige Note erhält die Gartenkresse durch die auch in Senf oder Rettich enthaltenen Senfölglykoside. Der prägnante Geschmack und die hohe Würzkraft führen allerdings dazu, dass sich die Kresse nicht besonders gut mit anderen Kräutern mischen lässt. Bei der Zubereitung sollte man außerdem darauf achten, das Kraut keiner Hitze auszusetzen, da es sonst stark an Intensität verliert.

Ringelblume
Calendula officinalis
Familie: Asteraceae, Korbblütengewächse
Herkunft: Europa

Die einjährige Ringelblume ist allgemein bekannt für ihre löwenzahnähnlichen Blüten und die gelben bis dunkelorangen Blätter, die länglich-oval sind. Wegen der zahlreichen ätherischen Öle ist die Pflanze sehr klebrig.
Die wild wachsende Form ist kleiner und reicher an den Inhaltsstoffen, die allgemein entzündungshemmend und krampflösend wirken.
Besonders die dunklen Blüten besitzen auch getrocknet eine schöne Farbe und weisen den teuren Safranfäden gegenüber eine gewisse Ähnlichkeit auf. Aufgrund ihrer leuchtenden Farben wird die Ringelblume in der Küche gerne als Dekoration für Salate bzw. kalte Vorspeisen verwendet. Allerdings kann man aus den gezupften und anschließend schonend getrockneten Blüten auch einen Auszug herstellen, der wiederum als Basis für Sorbets bzw. Cremes dient.

RINGELBLUME

LAT. CALENDULA OFFICINALIS

Tausendschönchen
Bellis perennis
Familie: Korbblütengewächse
Herkunft: weltweit in gemäßigten Zonen

Das Tausendschönchen ist eine Allerweltsblume, und es gibt kaum einen Rasen, der sie nicht trägt. Die Blätter erinnern optisch an Feldsalat, die Blüten an kleine Margeriten. Die Farbe reicht von weiß über rosa bis hin zu tiefrot. Die als Zierpflanzen bekannten Blüten haben neben leichten Bitterstoffen auch einen nussigen Charakter. Man verwendet sie als Suppeneinlage oder auch in erfrischenden Quarkspeisen. Natürlich sind sie auch eine schöne Deko für Salate und Vorspeisen. Eingelegt dienen die Blütenknospen als Kapernersatz, jedoch wirken sie in größeren Mengen schwach giftig.

Rosenblüten
Rosa
Familie: Rosengewächse
Herkunft: weltweit in gemäßigten Zonen

Rosensträucher wachsen freistehend aufrecht oder können – mithilfe von Rankhilfen – auch klettern. Die Blütezeit erstreckt sich von Juni bis Mitte Juli. Manche Arten besitzen keine oder nur sehr wenige Stacheln. Die Früchte der Rose werden Hagebutten genannt. Es handelt sich hierbei um Sammelnussfrüchte, das bedeutet, dass die Kerne die eigentlichen Früchte sind.
In der Küche finden vor allem die Blüten der „Centifoliarosen", der sogenannten Duftrosen, Verwendung. Den wunderbaren Duft kann man durch Zubereitung eines Auszugs einfangen und entsprechend in allerlei Süßspeisen weiterverarbeiten. Getrocknete Blütenblätter eignen sich zudem gut zur einfachen Zubereitung von Rosensalz oder Zucker.

TAGLILIENKNOSPE

LAT. HEMEROCALLIS

Taglilienknospe
Hemerocallis
Familie: Taglilliengewächse
Herkunft: Mitteleuropa

Bei Taglilien handelt es sich um robuste Beetstauden, die zwischen 25 und 60 Zentimeter hoch werden. Charakteristisch sind die trichterförmigen und lilienartigen Blüten, die gelb, orange, rot oder rotbraun blühen.
Der Name stammt daher, dass jede Blüte nur einen einzigen Tag hält. Allerdings sind Blütenknospen in einer so großen Anzahl vorhanden, dass der Blütenflor mehrere Wochen dauert.
Die noch geschlossenen Blütenknospen der Taglilie sind wunderbar mild und unglaublich saftig. In der Küche können sie ausgezeichnet als „10-Sekunden-Gemüse" zubereitet werden. Dafür die Taglilienknospen einfach mit etwas Butter glasieren und leicht salzen. Im asiatischen Raum werden die Knospen getrocknet und als Einlage für spezielle Suppen verwendet.

Fuchsie
Fuchsia
Familie: Onagraceae, Nachtkerzengewächse
Herkunft: Mittel- und Südamerika, Neuseeland und Tahiti

Da neu entdeckte Pflanzengattungen früher oft nach ihrem Finder benannt wurden oder dieser sie auf den Namen einer berühmten Persönlichkeit taufte, ist auch die Fuchsie nach einem bestimmten Menschen benannt. Der Botaniker Charles Plumier, der die Blume Ende des 17. Jahrhunderts in Santo Domingo aufspürte, ehrte mit seiner Namenswahl den deutschen Botaniker Leonhart Fuchs.
Die artenreiche Gattung kommt als mehrjähriger Strauch oder Baum in den unterschiedlichsten Größen vor und trägt oft mehrfarbige auffällige Blüten. Diese bestehen aus einem mit Blütenblättern umgebenen Fruchtknoten, aus dem ein ebenfalls von Blütenblättern umschlossener Kelch hervorragt. Wegen ihrer Pflegeleichtigkeit und ihrer dauerhaften Pracht bis in den Herbst hinein ist die Fuchsie eine beliebte Zierpflanze. Auch in der Küche wird sie eher als dekorativer Blickfang und nicht als Geschmacksträger eingesetzt, da sie kein außergewöhnliches Aroma besitzt.

FUCHSIE
LAT. FUCHSIA

SPEISE-CHRYSANTHEME

LAT. CHRYSANTHEMUM CORONARIUM

Speise-Chrysantheme
Chrysanthemum coronarium
Familie: Asteraceae/Compositae, Korbblütler
Synonyme: Goldblume, Salat-Chrysantheme, Wucherblume, Kronenblume
Herkunft: Asien

Die Gattung ist mit ihren über 40 Arten zwar hauptsächlich in China, Japan und Korea beheimatet, sie zählt aber heutzutage auch weltweit zu den wichtigsten Zierpflanzen. Je nach Sorte ist eine Aussaat schon am Frühlingsanfang oder bis zum Ende des Sommers hin möglich. Die meist krautigen Pflanzen werden bis zu 80 Zentimeter hoch und blühen zum Teil noch bei Wintereinbruch in den unterschiedlichsten Farben. Besonders Speise-Chrysanthemen benötigen Schutz vor übermäßiger Sonneneinstrahlung, sonst werden sie schnell bitter und eignen sich nicht mehr für den Verzehr. Ab einer Höhe von circa 20 Zentimetern ist die Ernte der japanischen Nationalblume, die als sechzehnblättriges Exemplar sogar das Wappen der Kaiserfamilie schmückt, möglich. Geschmacklich weisen die fleischigen Blätter und noch geschlossenen Blütenknospen der gelb und weiß blühenden Speise-Chrysantheme Ähnlichkeiten zur Karotte auf und bieten blanchiert oder in Butter geschwenkt eine Grundlage für Gemüse- und Fischfüllungen aller Art. Schnell zubereitet ist ein erfrischendes Sorbet aus pürierten Speise-Chrysanthemen mit Weißwein und Zitronensaft.

DAHLIE

LAT. DAHLIA

Dahlie
Dahlia
Familie: Asteraceae/Compositae, Korbblütler
Synonym: Georgia
Herkunft: Mexiko und Guatemala

Die zahlreichen Sorten der Dahlie zeichnen sich besonders durch ihre Vielgestaltigkeit aus. Wachstumshöhe, Farbe und Form der Blüten sowie das Aussehen der Laubblätter variieren stark und haben in Züchterkreisen zu einer Einteilung in zehn Hauptgruppen geführt. Hier sind Größe und Typ der Blütenstände ausschlaggebend für die Zuordnung. Als farbenfrohe Verzierung eignen sich sicherlich alle Blüten, die kandiert ein toller Blickfang sind.
Die Gattung, die mit ihrem Namen den schwedischen Botaniker Andreas Dahl ehrt, bildet außerdem zur Speicherung dienende Wurzelknollen aus, in denen sich Inulin einlagert. Diesem Kohlenhydrat werden gesundheitsfördernde Wirkungen zugeschrieben. Dahlienknollen sind also nicht nur essbar, sondern auch gesund. Sie ähneln im Geschmack entfernt Topinamburknollen, die ebenfalls Inulin produzieren.

GEWÜRZ-TAGETES

LAT. TAGETES TENUIFOLIA

Gewürz-Tagetes
Tagetes tenuifolia
Familie: Asteraceae/Compositae, Korbblütler
Synonyme: Studentenblume, Samtblume, Zitronen- oder Orangentagetes
Herkunft: Mexiko, Mittelamerika

Früh genug ausgesät blüht diese robuste Pflanze von Mai bis September in ihrer hellgelben bis dunkelorangen Pracht an sonnigen Plätzen in Beeten oder Töpfen. Die buschige Pflanze mit einzeln stehenden Blüten duftet nach Anis und ist sehr pflegeleicht; ihr Besitzer sollte allerdings darauf achten, den Boden stets mäßig feucht zu halten. Nach der Blüte bilden sich zahlreiche Samen aus, die abgenommen werden können, sobald sie sich schwarz verfärbt haben. Trocken aufbewahrt bilden sie so die Grundlage für die Aussaat im folgenden Jahr.

Ihre frisch-herbe Würze macht die Gewürz-Tagetes zu einer idealen Zutat in Teemischungen, Kräuteressigen oder Quarkzubereitungen. In fruchtigen Dessertsoßen und Obstsalaten greifen sie das Aroma von Zitrusfrüchten auf und verleihen den Gerichten eine sommerlich-leichte Note.

Eisbegonie
Begonia semperflorens
Familie: Begoniaceae, Schiefblattgewächse
Synonym: Immerblühende Begonie, Gottesauge, Schiefblatt
Herkunft: Südamerika

Die Begonie ist mit weit über 1.000 Varianten eine der artenreichsten Pflanzengattungen und blüht ab den ersten warmen Tagen im Frühjahr bis zum ersten Frost im Spätherbst. Eine winterresistente Pflanze ist aber auch die Eisbegonie nicht, obwohl der Name des Schiefblattgewächses dies vermuten ließe. Der einjährige Dauerblüher ist eine äußerst beliebte Beet- und Balkonpflanze, die auch schattige Standorte unter der Voraussetzung verträgt, dass sie auf durchlässigen und feuchten Böden steht. Eisbegonien tragen grüne bis rötliche Blätter. Ihre säuerlich-frisch schmeckenden Blüten leuchten in strahlendem Weiß, einem zarten Rosa oder in kräftigem Rot. Diese Farbenvielfalt macht pikante Salate und süße Desserts garantiert nicht nur zu einem kulinarischen, sondern auch zu einem optischen Genuss.

EISBEGONIE

LAT. BEGONIA SEMPERFLORENS

HORNVEILCHENBLÜTEN

lat. Viola cornuta

Hornveilchen
Viola cornuta
Familie: Violaceae, Veilchengewächse
Herkunft: Europa und Asien

Die Veilchen beeindrucken durch eine unglaubliche Farbvielfalt und eine längere Blütezeit. Das Hornveilchen lässt sich aufgrund des neutralen Geschmacks als nette Deko einsetzen. Geerntet werden einzelne Blüten oder ganze Triebspitzen.

WILDES STIEFMÜTTERCHEN

LAT. VIOLA TRICOLOR

Wildes Stiefmütterchen
Viola tricolor
Familie: Violaceae, Veilchengewächse
Synonyme: Dreifaltigkeitskraut, Muttergottesschuh, Schöngesicht, Mädchenaugen
Herkunft: Europa und Asien

Die ein- bis mehrjährige krautige Pflanze, die Wuchshöhen von über 30 Zentimetern erreichen kann, ist auf sandigen Wiesen oder Äckern sowie in Gärten heimisch und gilt als eine Urform des beliebten Gartenstiefmütterchens. Diese Kulturform ist aus unterschiedlichen Kreuzungen des Wilden Stiefmütterchens mit anderen Arten hervorgegangen und heute in zahlreichen Formen und Farbgebungen vorhanden. Die zur Gattung der Veilchen gehörenden Stiefmütterchen zeichnen sich besonders durch Form und Lage ihrer meist verschiedenfarbigen fünf Blütenblätter aus. Das große untere Kronblatt (die Stiefmutter) sitzt auf zwei Kelchblättern und wird von beiden Seiten eingerahmt durch zwei etwas kleinere Blüten (ihre Töchter), die jeweils auf einem Kelchblatt sitzen. Die beiden oberen länglichen Blütenblätter (die Stieftöchter) hingegen müssen sich ein Kelchblatt teilen.
In der Heilkunde wird das Wilde Stiefmütterchen überwiegend zur Anregung des Stoffwechsels und bei störendem Husten eingesetzt. In der Küche jedoch steht eher die Optik im Vordergrund. Die schönen Blüten taucht man am besten in Eischnee, legt sie auf einem Backblech aus und bestreut sie leicht mit Zucker. Dann gibt man das Blech bei geringer Hitzezufuhr in den Ofen und lässt die Blüten schonend trocknen.

Michael Hoffmann und
sein Gärtner Peter Janoth

MICHAEL HOFFMANN – HAUPTSACHE „BEILAGE"

Verkehrte kulinarische Welt? Bei Michael Hoffmann spielen Gemüse und Kräuter die Hauptrolle. Fleisch wird zur Beilage. Seine besonders kritische Sichtweise prägte sich durch die Fleischskandale der Vergangenheit, aber mehr noch durch positive Erlebnisse wie den frühen Kontakt zu Essbare Landschaften.

Geboren und aufgewachsen im hessischen Dillenburg: Michael Hoffmann, heute Küchenchef des Berliner Spitzenrestaurants Margaux. Seine Ausbildung zum Koch absolvierte er im Hotel Wickel in Dietzhölztal. Er kochte unter anderem bei Eckart Witzigmann (Aubergine) und Lothar Eiermann (Wald- und Schlosshotel Friedrichsruhe). 1994 zog es Michael Hoffmann nach Hamburg: Als Küchenchef führte er das Regiment im Restaurant Le Canard, wechselte dann in gleicher Funktion in das Hotel Vier Jahreszeiten. Zur Jahrtausendwende machte ihm das Restaurant Margaux ein gutes Angebot. Das Restaurant, gegenüber dem eindrucksvollen Hotel Adlon, trägt heute einen Stern des Guide Michelin und ist mit 17 Punkten des Gault Millau nach unserer Meinung und der vieler seiner Kollegen hoffnungslos unterbewertet. Seit 2003 ist Michael Hoffmann Inhaber und Geschäftsführer des Margaux. Für seine zahlreichen internationalen Gäste serviert er eine „Cuisine Avantgarde Classique". Diesen Namen hatte Hoffmann seiner Kochkunst bereits im Hotel Vier Jahreszeiten gegeben und sich rechtlich schützen lassen. Gemeint ist damit ein Stil, der seine Wurzeln in der klassischen französischen Küche hat, diese aber modernen Anforderungen anpasst und neu interpretiert. Produktorientiert ist seine Küche, mit Schwerpunkt auf Gemüse und Wildkräuter. Fisch und Krustentiere stehen bei ihm hoch im Kurs, auch Ungewöhnliches darf auf die Karte. Alle verwendeten Produkte kommen fast ausschließlich aus Europa, Waren aus Übersee verwendet der Küchenchef wenig, und nur dann, wenn sie extrem gut sind. Saisonal und lokal möchte er kochen, viele seiner Lieferanten kennt er persönlich. Zur Zeit steht auf der Karte lediglich ein einziges Menü mit sieben Gängen, zusätzlich einige Tagesempfehlungen, aus denen die Gäste wählen können. Wo vielen Köchen das Verständnis abgeht, greift Michael Hoffmann in die Vollen: Seine Küche ist vegetarisch und vegan vorbereitet, um auch ausgefallene Wünsche seiner vielen internationalen Gäste erfüllen zu können. Demnächst wird es auch ein vegetarisches Menü auf der Karte des Margaux geben: Die Gäste können gespannt sein, was dort auf sie zukommen wird. Mehr als dass das neue Menü auch so gut wie keine Kohlenhydrate enthalten wird, verrät Michael Hoffmann vorerst nicht.

www.margaux-berlin.de

MAKRELE MIT SÜSSKARTOFFELN UND KORIANDER

MARINIERTE MAKRELE IM GELIERTEN KALBSFOND
SÜSSKARTOFFEL-KORIANDER-RELISH
CREME VON SÜSS-KARTOFFELN MIT GERÄUCHERTEM MEERSALZ
SALAT VON MANGOLD MIT SÜSSSAUER EINGELEGTER MAKRELE

MICHAEL HOFFMANN

Rezept für etwa 6 Personen

Makrele:
8 Makrelenfilets
100 ml dunkler Kalbsfond
etwas Meersalz
Zucker und Pfeffer aus der Mühle

Relish:
125 g Brunoise von Süßkartoffeln
etwas Kurkuma
15 g Korianderkörner
50 ml Geflügelfond
50 ml Gemüsefond
10 ml Traubenkernöl
5 ml Limonensaft
0,5 g Xanthan
10 g gehackter Koriander
etwas Weißwein
Meersalz und Kashmir Curry

Creme von Süßkartoffeln:
120 g geschälte Süßkartoffeln
1 geschälte Schalotte
100 ml Geflügelfond
20 ml Olivenöl
etwas geräuchertes Meersalz
Pfeffer aus der Mühle

Salat:
2 Stangen Mangold
1 geschälte Süßkartoffel
1/4 Bund frischer Koriander
1 Limone
etwas Traubenkernöl und Meersalz

Für die Makrele die Filets der Länge nach halbieren und leicht mit Meersalz, Zucker und Pfeffer würzen. Etwa 1 Stunde beizen. Den Kalbsfond temperieren und die Filets darin einlegen. Eine Terrinenform mit Klarsichtfolie auslegen und die Filets dicht aneinander reihen, anschließend bei 65 °C etwa 30 Minuten im Hold-o-mat garen. Mindestens 4 Stunden im Kühlschrank abkühlen lassen.

Für das Relish die Brunoise von Süßkartoffeln in gesalzenem Wasser mit etwas Kurkuma blanchieren. Die Korianderkörner in etwas Weißwein aufkochen und ziehen lassen.

Den Geflügelfond auf 20 Milliliter reduzieren. Gemüsefond mit Geflügelfond, Traubenkernöl, Limonensaft und Xanthan mischen und mit dem Pürierstab mixen. Die Süßkartoffeln und die weichen Korianderkörner unterheben und mit Meersalz und Kashmir Curry abschmecken. Das Relish ein paar Stunden ziehen lassen und in einem Spritzbeutel bereitstellen.

Für die Creme von Süßkartoffeln die Süßkartoffeln und Schalotten klein schneiden und anschließend im Geflügelfond weich kochen, bis der Fond vollständig eingekocht ist. Olivenöl und Gewürze zugeben und fein pürieren. Im Spritzbeutel bereitstellen.

Für den Salat den Strunk der Mangoldblätter abtrennen, in Form schneiden und rund ausstechen. Die Süßkartoffel in Scheiben schneiden und in gleicher Größe ausstechen wie die Mangoldblätter, anschließend alles blanchieren. Den Koriander zupfen, mit allen Zutaten vermischen und mit Traubenkernöl, etwas geriebener Limonenschale sowie Meersalz abschmecken.

KABELJAU MIT TASCHENKREBSEN UND MEERRETTICH

SALAT VON VOGELMIERE UND BARBARAKRESSE MIT HERZMUSCHELN
SAUCE KARDINAL UND MEERRETTICH-BRIOCHE

MICHAEL HOFFMANN

Rezept für etwa 6 Personen

Kabeljau:
300 g Kabeljau-Loin (Mittelstück vom Kabeljau)
15 g Zucker
165 g Meersalz
10 g Ingwer
1 Limone
2 Zweige frischer Koriander
1 l Milch
2 EL Olivenöl

Taschenkrebse:
1–2 Taschenkrebse, etwa 800 g
Meersalz

Salat:
60 g Vogelmiere
60 g Barbarakresse
30 g Bärlauch
3 Radieschen
6 Kaiserschoten
2 EL Rapsöl
1 Limone
60 Herzmuscheln
100 g frische oder tiefgefrorene Erbsen
50 g Butter
100 ml Sahne
Fleur de Sel
grüner Pfeffer aus der Mühle
Zucker
etwas Olivenöl

Sauce Kardinal:
3 weibliche Hummerköpfe (roh)
3 Schalotten
75 g Tomaten
65 g Stangensellerie
50 g Fenchel
1 Knoblauchzehe
1/8 Bund Basilikum
500 ml Fischfond
500 ml Muschelfond
6 Eigelbe
1 Ei
70 ml Olivenöl
50 g Beurre demi-sel
1 EL Paprika edelsüß
etwas Olivenöl zum Anbraten
Meersalz und Piment d´Espelette

Meerrettich-Brioche:
250 g Weizenmehl
30 g Zucker
150 g Vollei
8 g Fleur de Sel
15 g Hefe
200 g Butter
35 g Meerrettich

Für den Kabeljau den Ingwer schälen und fein reiben, von der Limone die Schale abreiben und beides mit Meersalz und Zucker mischen.
Den Kabeljau damit einreiben und mit den Korianderzweigen in einem Vakuumbeutel 24 Stunden marinieren. Anschließend das Salz abwaschen und 8 Stunden in Milch legen.

Aus der Milch nehmen und mit einem Küchenpapier trocken tupfen. In sechs gleichmäßig große Stücke schneiden, von allen Seiten mit Olivenöl einreiben und mit Klarsichtfolie abdecken. Bei 65 °C etwa 20 Minuten garen.

Die Taschenkrebse in reichlich Wasser kochen. Das Wasser sollte kräftig mit Meersalz abgeschmeckt sein. Die Taschenkrebse in das kochende Wasser geben und etwa 10 Minuten darin ziehen lassen, anschließend die Krebse ausbrechen und bereitstellen.

Der Salat wird in drei Arbeitsschritten zubereitet.
1. Vogelmiere, Barbarakresse und Bärlauch säubern, zupfen, waschen und trocken schleudern. Die Radieschen in dünne Scheiben schneiden und die Kaiserschoten in Julienne schneiden. Alles mischen und mit dem Rapsöl, etwas Fleur de Sel und geriebener Limonenschale abschmecken.
2. Die Herzmuscheln waschen und mit einem Küchentuch trocknen. Das Olivenöl in einem Topf erhitzen und die Herzmuscheln bei geschlossenem Deckel darin aufspringen lassen, anschließend aus der Schale nehmen.
3. Die Erbsen mit der Butter und Sahne weich köcheln, mit Meersalz, etwas Zucker und grünem Pfeffer aus der Mühle abschmecken. Danach pürieren, durch ein Sieb streichen und in einen Spritzbeutel füllen.

Für die Sauce Kardinal Schalotten und Knoblauch schälen, Stangensellerie und Fenchel putzen und anschließend alles Gemüse zu Mirepoix schneiden. Die Hummerköpfe mit einer Schere halbieren. Etwas Olivenöl in einem Topf erhitzen und die Hummerköpfe mit der Schalenseite nach unten leicht anrösten, die Beurre demi-sel zugeben und aufschäumen lassen. Die Hummerköpfe mit dem edelsüßen Paprika bestreuen, das Mirepoix und etwas Meersalz zugeben, dann erst anfangen zu rühren. Das Mirepoix leicht mitrösten lassen und danach mit dem Fisch- und Muschelfond aufgießen. Basilikum zugeben und auf 250 Milliliter einkochen lassen. Passieren und abkühlen lassen. Die Flüssigkeit in den Thermomix geben und mit Ei und Eigelben mischen. Unter ständigem Mixen auf 65 °C erhitzen und zuletzt das Olivenöl langsam einmontieren. Die Sauce passieren und bereitstellen.

Für die Meerrettich-Brioche alle Zutaten mischen und in der Maschine mit einem Knethaken langsam verkneten, bis sich der Teig vom Rand der Rührschüssel löst. Anschließend den Teig abgedeckt an einer warmen Stelle um das doppelte Volumen aufgehen lassen. Nochmals kurz durchkneten, in gebutterte Kastenformen füllen und erneut gehen lassen. Bei 165 °C Umluft etwa 30 Minuten backen.

Zur Fertigstellung das Fleisch der Taschenkrebse mit etwas Sauce Kardinal anmachen und auf den gegarten Kabeljau dressieren.
Einen Streifen Erbsenpürée auf den Teller spritzen, die Herzmuscheln sanft in Olivenöl erwärmen und auf dem Erbsenpürée platzieren.
Den marinierten Salat auf die Taschenkrebse geben und mit etwas Sauce Kardinal umgießen.
Die Kruste von der Brioche abscheiden und die Brioche in Rechtecke schneiden. Mit einem Bunsenbrenner kurz bräunen und auf dem Teller platzieren.

„MIERAL" PERLHUHN MIT OLIVEN UND ROSMARIN GEFÜLLT

GLASIERTE JUNGE KAROTTEN MIT HONIG UND ROTER MELDE
JUS MIT KANDIERTEN OLIVEN UND ROSMARIN

MICHAEL HOFFMANN

Rezept für 4 Personen

1 Mieral Perlhuhn
etwas Meersalz
schwarzer Pfeffer aus der Mühle

Füllung:
50 g ausgelöste Keulen vom Perlhuhn
1 geschälte Schalotte
30 g schwarze Oliven
2 g Rosmarin
80 ml Sahne

Jus:
2 geschälte Schalotten
1 Knoblauchzehe
2 Zweige Rosmarin
200 ml Geflügeljus
10 g kandierte Oliven
etwas Olivenöl

Karotten:
20 kleine verschiedenfarbige Karotten
2 Zweige Rosmarin
1 Zweig rote Melde
1 EL flüssiger Honig
etwas Meersalz, Olivenöl und Wasser

Garnitur:
je 4 Stangen roter und weißer Zwiebellauch
etwas Olivenöl und Geflügeljus

Das Perlhuhn vorbereiten, die Keulen abtrennen und auslösen, die Flügel abtrennen und die Knochen herausdrücken. Die Flügel mit Meersalz, Pfeffer und etwas Olivenöl marinieren. Anschließend vakuumieren und im Wasserbad bei 70 °C etwa 90 Minuten garen. Vor dem Servieren kurz in der Pfanne kross braten.

Für die Füllung die ausgelösten Keulen mit den Schalotten klein schneiden, anschließend die übrigen Zutaten bis auf die Sahne zugeben und alles durch den Fleischwolf drehen. Dann kalt stellen, mit der Sahne im Kutter faschieren und die Farce in einem Spritzbeutel bereitstellen. Die Haut von der Perlhuhnbrust lösen und die Farce unter die Haut dressieren. Bei 200 °C Unterhitze und 180 °C Oberhitze etwa 40 Minuten braten.

Für den Jus Schalotten, Knoblauch und Rosmarin in etwas Olivenöl anschwitzen, mit dem Geflügeljus aufgießen, auf die gewünschte Konsistenz einkochen und anschließend passieren. Den passierten Jus mit den kandierten Oliven und ein paar Rosmarinnadeln kurz kochen.

Die Karotten putzen und in gleichmäßige Stücke schneiden. In etwas Olivenöl anschwitzen, salzen und Wasser zugeben. Darin glasieren, zuletzt ein paar gezupfte Rosmarinnadeln, rote Melde und etwas flüssigen Honig zugeben.

Für die Garnitur den Zwiebellauch putzen und mit etwas Olivenöl und Geflügeljus weich schmoren.

LAMM „VENEZIANISCHE ART“ MIT SALBEI

MICHAEL HOFFMANN

Rezept für 4 Personen

Lamm:
1 Lammnuss
2 Lammnieren
200 g Lammleber
etwas Olivenöl
Salbei
Meersalz und grüner Pfeffer
aus der Mühle

Orange:
2 Orangen
1 EL Zucker
5 Salbeiblätter

Garnitur:
8 geputzte Poweraden (italienische
Artischockenart)
2 kleine Fenchel
16 Kapern
12 Salbeiblätter
etwa 100 ml Lammjus
etwas Olivenöl, Meersalz und
Pfeffer aus der Mühle

Für das Lamm Nuss, Nieren und Leber mit Olivenöl, Salbei, Meersalz und grünem Pfeffer marinieren. Alles einzeln leicht anbraten. Getrennt in Klarsichtfolie wickeln und bei etwa 70 °C garen.

Von den Orangen die Schale hauchdünn abschneiden, in Julienne schneiden und blanchieren. Den Rest der Orangen filetieren und entsaften. Den Zucker in einem Topf bei wenig Hitze schmelzen. Julienne und Filets zugeben, danach den Saft zugießen und langsam zu einem Chutney einköcheln lassen. Die Salbeiblätter in Julienne schneiden und zuletzt zugeben.

Für die Garnitur den Fenchel putzen und halbieren. Zusammen mit den Poweraden langsam in Olivenöl braten, anschließend die Kapern und Salbeiblätter zugeben und mit etwas Lammjus glasieren.

Eine Frage bitte

T. R.: Im Vordergrund deiner Küche stehen vegetarische Produkte?

M. H.: Ja, es hat sich so entwickelt. Besonders stark hängt diese Entwicklung mit dem Kräuterkochbuch zusammen, das ich 2007 geschrieben habe. Auch viele Gäste haben nach vegetarischen Gerichten gefragt. Ich habe das Glück, dass ich einen eigenen Gärtner habe, Peter Janoth, der zu 80 Prozent das Gemüse exklusiv für uns anbaut. Ihm bedeuten gute Produkte genauso viel wie uns Köchen. Aufgrund der guten Zusammenarbeit mit ihm ist unser vegetarisches Angebot enorm gewachsen. Es macht Riesenspaß. Dadurch ist die ganze Küche zu einer Art Vital-Küche geworden, ohne auf Genuss zu verzichten.
Wir schaffen unseren eigenen Vorrat an Gemüse. Beispielsweise bekommen wir jetzt eine alte Karottensorte. Es sind die runden Karotten, die es eigentlich kaum noch gibt. Von dieser Sorte erhalten wir um die 1.000 Stück. Sie werden alle eingekocht oder in irgendeiner Form behandelt, so dass wir dann in den Wintermonaten damit arbeiten können. Oder wir haben Beelitzer Spargel vergärt und eingelegt. Dieses Gemüse bieten wir dann auch im Winter an.
Natürlich steht auf der Speisekarte beim Gericht immer die Geschichte dazu, woher das Produkt kommt.
Wir stellen zum Teil unsere eigenen Gewürze aus Gemüse und Kräutern her. Damit arbeiten wir gerne, und gerade das macht die Küche einzigartig. Wir haben eine ganz klare, eigene Linie. Wir verwenden überwiegend Produkte aus der Region und generell aus Deutschland.
Unsere Gäste bestätigen unsere Arbeit, denn sie sind von dem unglaublichen Eigengeschmack der Karotte, der Tomate oder bestimmter Kräuter, mit denen wir würzen, begeistert. Das bestätigt mir, dass wir auf dem richtigen Weg sind. Es macht Riesenfreude, hier zu forschen, denn Fisch und Fleisch wurden gründlicher erforscht als Gemüse.
Mein Interesse hängt auch damit zusammen, dass ich versuche, mich bewusst gesund zu ernähren. Dreimal in der Woche sieht der Speiseplan Vegetarisches vor. So sind bei uns Fisch und Fleisch mit der Zeit zur Beilage geworden.

GILLARDEAU-AUSTERN MIT SCHNITTLAUCH

AUSTERNPARFAIT MIT SCHNITTLAUCHCREME, SCHNITTLAUCH-SCHAUMBROT UND GEBRATENE AUSTERN MIT SPECK

MICHAEL HOFFMANN

Rezept für 4 Personen

Parfait:
140 g ausgelöste Austern mit Saft
120 g gekochte Kartoffeln
200 g flüssige Butter
1 Blatt Gelatine
etwas Champagner und Noilly Prat
Meersalz

Schnittlauchcreme:
125 ml Wasser
130 g Schnittlauch
60 ml Olivenöl

Schaumbrot:
2 Bund Schnittlauch
700 ml Mineralwasser
300 ml Läuterzucker
9 Blatt Gelatine

Austern mit Speck:
4 Gillardeau-Austern G2
1 Scheibe geräucherter Speck
Traubenkernöl

Für das Parfait die Austern mit den gekochten Kartoffeln im Thermomix mixen und langsam die flüssige Butter einlaufen lassen, bis eine cremige Masse entsteht. Etwas Champagner und Noilly Prat reduzieren und zugeben. Die Gelatine zugeben, mit Meersalz und etwas Pfeffer abschmecken und passieren.
In Schalen oder ausgehöhlte Eier füllen und bei 80 °C etwa 30 Minuten pochieren.

Für die Schnittlauchcreme den Schnittlauch schneiden und einmal im Wasser aufkochen. Zusammen mit dem Olivenöl sehr fein mixen und passieren.

Für das Schaumbrot den Schnittlauch in feine Ringe schneiden und blanchieren. Mit 300 Milliliter Mineralwasser mixen und passieren. Fond mit 300 Milliliter Mineralwasser und dem Läuterzucker mischen und für 3 bis 4 Stunden in den Kühlschrank stellen. Alles noch einmal mischen und in der Maschine aufschlagen. Die Gelatine mit 100 Milliliter Mineralwasser auflösen und langsam in die Masse einlaufen lassen. In eine Form gießen und kalt stellen. Nach einem Tag bekommt der Schaum die richtige grüne Farbe.

Für Austern mit Speck die Austern öffnen, aus der Schale nehmen und den Bart entfernen. Auf einem Tuch trocken legen. Die Speckscheibe in lange feine Streifen schneiden und langsam in Traubenkernöl auslassen, bis die Streifen kross sind. Auf einem Tuch trocken legen. In dem Fett die Austern kurz anbraten.

Rezept für etwa 8 Personen

Entenstopfleber:
400 g geputzte Entenstopfleber
6 g Fleur de Sel
10 g Asche von Fichtensprossen

Asche: Die Fichtensprossen langsam in einer Pfanne zu Asche werden lassen, danach mixen und durch ein Sieb seihen. Kann im Voraus zubereitet und in einem Glas mit Schraubverschluss aufbewahrt werden.

Makrele:
2 Makrelen à 200 g
1 EL Ingwersirup
2 EL Sojasauce
Prise Meersalz und grüner Pfeffer aus der Mühle

Mispeln:
8 Mispeln
30 g brauner Zucker
Meersalz
200 ml Riesling
1 Msp. Kardamom
1 Zitrone
200 ml Wasser

Salat:
1 kleine Rote Bete
20 g Süßdolde
etwas Traubenkernöl
Fleur de Sel

Relish:
2 Äpfel Granny Smith
20 g Zucker
300 ml Apfelsaft
1 Lorbeerblatt
etwas Apfelessig und Limonensaft
1 Prise Meersalz
1–2 g Xanthan
1/4 Bund Schnittlauch

Brioche:
500 g Mehl (Type 405)
300 g Vollei
60 g Zucker
15 g Meersalz
30 g Hefe
400 g temperierte Butter
2 Eigelbe

Die Entenstopfleber temperieren (Zimmertemperatur) und die dünne Haut abziehen. Zwischen Pergamentpapier andrücken und die Adern entfernen. Dann mit dem Fleur de Sel bestreuen, in eine Terrinenform drücken, abdecken und 36 Stunden marinieren. Bei 42 °C Wassertemperatur 45 Minuten pochieren. Auskühlen lassen, die Leber aus der Terrine nehmen und in Stücke schneiden.

Die Makrelen filetieren, entgräten und parieren. Aus den vier Filets 8 Stücke schneiden. Mit etwas Meersalz und grünem Pfeffer aus der Mühle würzen. Ingwersirup und Sojasauce verrühren und auf die Filets pinseln. Die Makrelenfilets eine Nacht im Kühlschrank stehen lassen. Anschließend die Filets im Dehydrator 20 Minuten bei 52 °C antrocknen. Vor dem Servieren die Haut abziehen.

Die Mispeln in gezuckertem Wasser blanchieren, anschließend die Haut abziehen und mit einer Zange den Stein herausdrehen. Die Mispeln in einem Einmachglas aufbewahren.

Die Steine anschlagen, mit dem braunen Zucker und den Schalen karamellisieren. Meersalz und Kardamom zugeben, mit Riesling ablöschen und um die Hälfte reduzieren. Anschließend von der Zitrone die Schale abreiben. Entsaften und den Saft mit dem Wasser zum Zuckersirup geben. Erneut um etwa die Hälfte einkochen lassen. Den Sud passieren und heiß auf die Mispeln gießen, das Glas verschließen und 15 Minuten einkochen. Einige Tage ziehen lassen.

Zubereitung: Die Mispeln aus dem Glas nehmen und mit etwas Fond glasieren. Den übrigen Fond einkochen, bis eine Bindung entsteht, und nochmals mit einer Prise Kardamom abschmecken.

Für den Salat die Vogelmiere zupfen, waschen und auf einem Küchentuch trocken legen. Die Rote Bete schälen und in Julienne schneiden. Mit der Vogelmiere vermischen und mit etwas Traubenkernöl und Fleur de Sel abschmecken.

Für das Relish einen Granny Smith schälen und in kleine Stücke schneiden. Den Zucker karamellisieren, die Apfelstücke dazugeben. Mit dem Apfelsaft und dem Lorbeerblatt auf 150 Milliliter reduzieren. Mit etwas Apfelessig, Limonensaft und Meersalz abschmecken, anschließend pürieren und passieren. In den passierten Fond das Xanthan mixen.
Den anderen Granny Smith schälen und in Brunoise schneiden. Den Schnittlauch in feine Ringe schneiden und mit den Apfelbrunoise mischen. Den gebundenen Fond dazugeben, vermischen und in einen Spritzbeutel füllen.

Für die Brioche das Mehl mit dem Vollei, Zucker, Salz und Hefe verkneten. Die Butter in drei Schritten kurz unterkneten und anschließend bei mittlerer Geschwindigkeit kneten, bis der Teig homogen ist und Fäden vom Rand zieht. Zum Schluss die Eigelbe darunter montieren. Den Teig etwa 1,5 Stunden gehen lassen. In die gewünschte Form geben und nochmals um das Doppelte gehen lassen. Mit etwas Eigelb einstreichen und backen.

Zur Fertigstellung die Entenstopfleber in gleichmäßige Stücke portionieren und eine Seite in die Fichtenasche legen. Die Mispeln mit dem Salat füllen. Brioche in Quadrate schneiden und mit einem Bunsenbrenner leicht abflämmen. Makrele und Relish auf dem Teller anordnen.

ENTENSTOPFLEBER MIT MAKRELE UND MISPELN

MAKRELE, MIT SOJA-SAUCE UND INGWER MARINIERT UND ANSCHLIESSEND ANGETROCKNET
MARINIERTE ENTENSTOPFLEBER MIT FICHTENSPROSSENASCHE
SALAT VON EINGELEGTEN MISPELN MIT ROTER BETE UND SÜSSDOLDE
APFEL-RELISH MIT KANDIERTEM INGWER UND ROSINEN

MICHAEL HOFFMANN

DEGUSTATION VOM ZIEGENKÄSE MIT BEINWELL

MARINIERTER ZIEGENFRISCHKÄSE MIT BEINWELL
SALAT VON APFEL UND GURKE, SORBET VON ZIEGENROHMILCH
CROUSTILLANTE VON PUMPERNICKEL MIT ZIEGENQUARK UND THYMIAN

MICHAEL HOFFMANN

Rezept für 4 Personen

Marinierter Ziegenkäse:
2 Beinwellblätter
120 g Ziegenfrischkäse
etwas Piment d'Espelette
Meersalz

Ziegenquark:
120 g Ziegenquark
1 Limone
30 g Thymianhonig
etwas Meersalz

Ziegenmilch-Sorbet:
600 ml Ziegenmilch
50 g Beurre doux
50 g Milchpulver
140 g Ziegenquark
45 g Glukose
30 g Zucker
9 g Fleur de Sel

Pumpernickel-Croustillante:
175 g Pumpernickel
250 g Zucker
125 g Glukose

Salat von Apfel und Gurke:
250 ml Apfelsaft
250 ml Gurkensaft
1 Lorbeerblatt
1 Limone
1 Schalotte
10 g Ingwer
1/4 Salatgurke
1 Apfel

Für den marinierten Ziegenkäse die Beinwellblätter blanchieren und trocknen. Den Ziegenfrischkäse mit etwas Piment d'Espelette und Meersalz würzen und in die Beinwellblätter einwickeln.

Für den Ziegenquark von der Limone die Schale abreiben und anschließend entsaften. Den Quark mit einem Schneebesen glatt rühren und mit der Limone, Thymianhonig und einer Prise Meersalz abschmecken, anschließend in einen Spritzbeutel füllen

Für das Ziegenmilch-Sorbet alle Zutaten mischen und über einem Wasserbad auf 70 °C erhitzen, anschließend auf 4 °C abkühlen und in der Eismaschine frieren.

Für die Pumpernickel-Croustillante den Pumpernickel zerbröseln und trocknen. Zucker und Glukose karamellisieren, den Pumpernickel zugeben, mischen, auf eine Backmatte geben und auskühlen lassen. Anschließend in einer Küchenmaschine sehr fein hacken. Das Pulver auf eine Backmatte geben und bei 180 °C karamellisieren. Noch im warmen Zustand in etwa 2 Zentimeter große Quadrate schneiden.

Für den Salat von Apfel und Gurke den Apfel- und Gurkensaft mit Lorbeer, Limone, Ingwer und Schalotte reduzieren, passieren und eventuell etwas abbinden. Apfel und Gurke schälen und in Brunoise schneiden und in den reduzierten Apfel-Gurkenfond einlegen

Zur Fertigstellung den Ziegenfrischkäse in die Mitte des Tellers geben und mit etwas Apfel-Gurkenfond aufgießen. Auf die Schnittfläche des Ziegenkäses die Brunoise geben und darauf eine Nocke Ziegenmilch-Sorbet platzieren. Auf ein Pumpernickel-Croustillante den Ziegenquark dressieren und mit einem weiteren Croustillante bedecken. Mit gebackenen Beinwellblättern auf den Tellerrand legen.

SAIBLING, LACHS, HONIG UND KOHLRABI

SOUS-VIDE GEGART
MARINIERTE BETE MIT LIEBSTÖCKEL
GEBUNDENES KOHLRABI-GURKENWASSER
KONFIERTES LACHSKINN, LACHS-CHORIZO UND GERÄUCHERTER LACHS
MELDE-SPINAT MIT MEERRETTICHCREME

MICHAEL HOFFMANN

Rezept für 4 Personen

Saibling:
2 Saiblingsfilets
1 TL Honig
etwas Meersalz und Piment d´Espelette

Bete und Liebstöckel:
1 kleine Rote Bete
1 gestreifte Bete
8 Blätter Liebstöckel
etwas Traubenkernöl

Kohlrabi-Gurkenwasser:
350 g Salatgurke
700 g Kohlrabi
1 g Lecithin

Meerrettichcreme:
1 geschälte Schalotte
30 g geschälte Kartoffel
35 g geriebener Meerrettich
350 ml Fischfond
1 Lorbeerblatt
250 ml Milch
100 ml Sahne
1 EL Crème Fraîche
1 Limone
etwas Butter
Meersalz, grüner Pfeffer aus der Mühle

Melde:
je 50 g Magenta Melde, Rote Melde, Gelbe Melde
etwas Olivenöl

Garnitur:
je 4 kleine Stücke Räucherlachs, Lachskinn, Lachs-Chorizo
4 getrocknete Kohlrabiblätter
etwas flüssiger Honig

Für den Saibling die Filets leicht mit Honig, Meersalz und Piment d´Espelette würzen und eine Stunde im Kühlschrank beizen. Anschließend auf ein Küchentuch legen.

Die Filets übereinander legen und in eine Klarsichtfolie einrollen. Bei etwa 60 °C 25 Minuten garen.

Für Bete und Liebstöckel die Bete schälen und mit einem Hobel in sehr dünne Scheiben schneiden. Mit etwas Traubenkernöl marinieren und die gezupften Liebstöckelblätter zugeben.

Für das Kohlrabi-Gurkenwasser den Kohlrabi schälen und mit der Salatgurke zusammen entsaften. Den Saft mit 1 Gramm Lecithin vermischen und kalt stellen.

Für die Meerrettichcreme Schalotte und Kartoffel klein schneiden und in etwas Butter anschwitzen. Mit dem Fischfond aufgießen. Das Lorbeerblatt zugeben und alles auf die Hälfte einkochen lassen. Anschließend den Meerrettich, etwas Limonensaft und geriebene Schale sowie die Gewürze zugeben. Mit Milch, Sahne und Crème Fraîche aufkochen, das Lorbeerblatt entfernen und die Sauce mixen und passieren.

Die Melde zupfen, waschen und trocken schleudern. In etwas Olivenöl zusammenfallen lassen.

Für die Garnitur die Lachszutaten mit etwas Honig einreiben und im Wärmeschrank leicht temperieren.

TEXTUREN VOM MILCHFERKEL MIT ESTRAGON UND NEUSEELANDSPINAT MICHAEL HOFFMANN

Rezept für 4 Personen

Milchferkel:
1 Schulterstück, 450 g
1 Rückenstück, 200 g
80 g hausgemachte Leberwurst
2 l Kalbsfond
1 Lauchstange
2 Stangen Staudensellerie
4 geschälte Zwiebeln
2 Zitronen
8 Zweige Estragon
10 grüne Pfefferkörner
etwas Meersalz

Neuseelandspinat:
200 g geputzter Neuseelandspinat
20 g kandierte Zitrone
etwas Olivenöl und Meersalz

Garnitur:
1 konfierte Zunge
1 konfierte Schnauze
150 g Schweineschmalz
16 Estragonspitzen
Olivenöl

Für das Milchferkel den Kalbsfond mit Zwiebeln, Lauch, Staudensellerie und Zitrone erhitzen. Mit Meersalz, Pfeffer und Estragon abschmecken. Aufkochen und die Temperatur auf etwa 60 °C reduzieren. Schulter und Rücken im Fond 35–40 Minuten pochieren. Anschließend auf einem Holzkohlegrill knusprig grillen.

Einen Teil des Fonds auf die gewünschte Konsistenz reduzieren, mit etwas gehacktem Estragon abschmecken. Die Leberwurst im Wasser- bad warm stellen und zu Nocken abstechen.

Für den Neuseelandspinat die kandierte Zitrone in Julienne schneiden. Den Spinat in etwas Olivenöl zusammenfallen lassen und mit Meersalz und der kandierten Zitrone abschmecken.

Für die Garnitur Zunge und Schnauze in Schweineschmalz langsam garen. Beides in feine Scheiben schneiden, mit Öl beträufeln und warm stellen. Die Estragonspitzen in Olivenöl knusprig braten.

SAINT PIERRE À LA BARIGOULE MIT BASILIKUM, GESPICKT MIT NYONS-OLIVEN, SERVIERT IM GEMÜSEFOND

MICHAEL HOFFMANN

Rezept für 4 Personen

1 Saint Pierre
12 Nyons-Oliven
12 Basilikumblätter

Barigoule:
4 kleine Fenchel
2 rote Zwiebeln
2 Knoblauchzehen
1 rote Paprika
4 Poweraden (italienische Artischockenart)
2 Tomaten
40 g grüne Bohnen
4 Stangen Bleichsellerie
4 Stangen Zwiebellauch
500 ml Gemüsefond
1 Bund Basilikum
Olivenöl
grüner Pfeffer aus der Mühle
Meersalz

Den Saint Pierre filetieren und portionieren. Pro Portion drei kleine Einschnitte in die Haut machen und je eine Olive und etwas Basilikum einstecken.

Alle Gemüse waschen, schälen und putzen. Nach Möglichkeit sollten die Gemüse so geschnitten werden, dass sie ihre natürliche Form bewahren.

Die Bohnen blanchieren, die Poweraden putzen und halbieren. Paprika halbieren und im Ofen schmoren, anschließend die Haut abziehen und vierteln. Die Tomaten blanchieren, die Haut abziehen und die Kerne entfernen.

Etwas Olivenöl erhitzen und die Gemüse, je nach Länge der Garzeit, nacheinander einlegen, anschließend mit der Hälfte des Gemüsefonds glasieren.

Den Saint Pierre auf das Gemüse legen und je nach Größe etwa 8 Minuten in den Backofen stellen (110 °C Unterhitze und 180 °C Oberhitze). Währenddessen nach und nach den restlichen Gemüsefond zugeben. Kurz vor dem Servieren das Basilikum zugeben. Mit grünem Pfeffer aus der Mühle und Meersalz würzen.

Als Sammler und Jäger haben wir Menschen uns einst ernährt. Der Koch Jean-Marie Dumaine macht das heute noch so. Er streift durch Wald und Flur, sammelt Kräuter und Trüffel und serviert sie seinen Gästen. Sein Revier sind nicht mehr die tiefen Urwälder, sondern des Ahrtal, insbesondere die Wegesränder. Von Mal zu Mal dehnt er sein Revier durchaus auch auf die Vorgärten der Nachbarschaft aus. Wir besuchen ihn, um mit ihm auf Beutezug zu gehen.

Wenn Jean-Marie Dumaine von seiner Arbeit spricht, beginnen seine blauen Augen zu leuchten. Ganz enthusiastisch wird der gebürtige Normanne (Jahrgang 1954), als er seine Küchenphilosophie für Port Culinaire erläutert. Seine Küche sei zwar ganz klar französisch beeinflusst, erzählt er, aber der Einfluss der Produkte der Region müsse prägend sein. Denn sein Ziel sei es, seinen Gästen ein unvergessliches Erlebnis mit Produkten zu vermitteln, die sie kennen. „Das muss eine geschmackliche Erinnerung geben, damit die Gäste auch gerne wiederkommen“, erläutert Dumaine seine Idee. Das sei seine Idee von Nachhaltigkeit, erläutert der Mann, der vor Jahren an der Ahr einen medialen Tsunami auslöste, als er dort Trüffel fand. Dass er heute der Vorsitzende des Vereins „Ahr-Trüffel“ ist, versteht sich fast von selbst.

Indes sei das nur Punkt eins. Dazu müsse auch kommen, dass er mit einem Geschmack einem anderen Geschmack ein Gesicht gebe. So sei jedes Gericht eine Komposition, eine Architektur, die vom Kontrast lebe. Das präge den Stil seines Restaurants Vieux Sinzig in dem Städtchen Sinzig an der Mündung der Ahr in den Rhein. Auch die Häuser des Stararchitekten Frank Gehry seien schließlich unverwechselbar. Bei seinem Genusshandwerk gehe es zunächst einmal um eine Philosophie, und dafür sei das Produkt das Kommunikationsmittel. „Das ist das unendliche Rad des Kochens“, schmunzelt Jean-Marie, klopft seinen Hund Max, der bei der Trüffelsuche hilft, und lässt seine blauen Augen blitzen. Schließlich habe er auch eigens darum eine offene Küche, in die nicht nur die Gäste, sondern auch die Menschen an der Bushaltestelle vor seinem Haus Einblick nehmen können.

Seinen Zugang zur Natur fand er nicht nur im Geburtsort Vire, sondern auch durch die Bekanntschaft mit der Botanikerin Dr. Brigitte Klemme, die ihm Mitte der 80er Jahre des vergangenen Jahrhunderts Wildkräuter und -pflanzen näher brachte. Er begann, Rezepte zu entwickeln und mehr und mehr Gewächse aus der Umgebung in seine Küche einzubringen. Und seit 1987 führt er selber Kräuterwanderungen durch, bei denen er regelmäßig von einer großen Fan-Gemeinde begleitet wird. Aber auch Gärtner und Landwirte wie Wido Ockenfels hat er für seine Ideen begeistern können. Sie bauen für Jean-Marie zum Beispiel Topinambur oder Butternuss-Kürbisse an oder züchten Rinder nach seinen Maßgaben. So nimmt er Bezeichnungen wie „Druide von Sinzig“, „Kräuterpapst“ oder „Trüffelvater“ ebenso humorvoll wie gelassen. Und damit seine Fans den Geschmack des Vieux Sinzig auch mit nach Hause nehmen können, fertigt er allerlei Produkte eingekocht in Gläschen, wie etwa Rheinkapern, Fichtennadelspitzen oder Holunderblüten-Gelee und vieles mehr, was zum Teil auch bei Ralf Bos im Programm geführt wird.

Der Zugang zur Natur sei ihm indes leicht gefallen, blickt Jean-Marie Dumaine auf seine Kindheit und Jugend zurück. Denn er ist auf dem elterlichen Bauernhof groß geworden. „Und wo sonst hätte ich schon als Kind erleben können, wie ein gutes Stück Schweinefleisch, ein auf dem Hof aufgewachsenes Hähnchen oder eine gute bäuerliche Gans schmecken“, schwärmt er von seiner Heimat. So scheint nur logisch, dass seine Ehefrau Colette ebenfalls aus Vire stammt und den Service im Vieux Sinzig leitet, während Tochter Alexandra in der Küche mitarbeitet und Neffe Yoanne Hue der Küchenchef ist.

Und wenn er schon zurückblickt, darf auch die Militärzeit nicht ausgeblendet werden. Dort musste er nach der Ausbildung in der Hotelfachschule im normannischen Badeort Granville Dienst schieben und hatte sich bei der Marine schon Weltreisen ausgemalt. Daraus wurde nichts, weil ein französischer Admiral einen Leibkoch suchte und Jean-Marie Dumaine dazu erkor. Und das Leibgericht für den Admiral. „Gab es so richtig keines“, lacht Jean-Marie, „aber er und die einmal pro Woche zum Empfang anreisenden Gäste waren immer begeistert vom Rinderfilet, das immer genau auf den Punkt gegart war, auch wenn die Gesellschaft mal verspätet war.“

DIE SAMMELLEIDENSCHAFT DES JEAN-MARIE DUMAINE

Taubnessel
Lamium album (weiß),
Lamium album purpureum (rot)
Familie: Lamiaceae, Lippenblütengewächse
Herkunft: Europa und Asien

Bei der Taubnessel handelt es sich um eine mehrjährige Pflanze, die bis zu 50 Zentimeter hoch wird und brennnesselähnliche Blätter trägt. Der Stiel ist viereckig und die Blüten sind weiß.
Die Blüten schmecken süßlich, im Gegensatz zu den Blättern, die einen pilzähnlichen Geschmack haben. Aus den jungen Blättern wird unter anderem Spinat zubereitet. Man kann die Taubnessel aber auch als Beilage zu anderem Gemüse verarbeiten, zu Salat und diversen Teesorten.
Geerntet werden die oberen Triebspitzen, ob blühend oder nicht.

TAUBNESSEL

LAT. LAMIUM ALBUM PURPUREUM

Pfennigkraut
Lysimachia nummularia
Familie: Primulaceae, Schlüsselblumengewächse
Synonyme: rundblättriger Gilbweiderich, Münzkraut
Herkunft: Europa

Mit einer Wuchshöhe von nur einigen Zentimetern bevorzugt das sich am Boden ausbreitende Kraut feuchte, nährstoffreiche Böden in der Nähe von Wasser. Von Mai bis Juli ist das robuste Gewächs gut zu erkennen, denn seine fünfzähligen Blüten leuchten zu dieser Zeit in einem satten Gelb. Die grünen Blätter sind gegenständig, meist kreisrund mit kurzen Stielen angeordnet. Die Namensgebung ist vermutlich auf die Form dieser säuerlich schmeckenden Blätter zurückzuführen, die über Suppen oder Salate gestreut eine aromatische Bereicherung darstellen.

Kornelkirsche
Cornus mas
Familie: Cornaceae, Hartriegelgewächse
Synonyme: Gelber Hartriegel, Kornelle, Herlitze, Dirndl und Dürlitze (in Bayern und Österreich)
Herkunft: Asien

Auf lehmigen, kalkhaltigen Böden in sonniger bis schattiger Lage findet der Großstrauch vielfache Verwendung als Heckenpflanze, Windschutz oder Zierstrauch. Das häufig mehrstämmige Gewächs mit aufstrebenden Ästen kann eine Höhe von bis zu sechs Metern erreichen und trägt längliche, am Ende spitz zulaufende, dunkelgrüne Blätter. Diese zeigen sich jedoch erst nach dem Austrieb der kleinen goldgelben Blütenbüschel, die als sonnige Farbtupfer schon ab Februar den kommenden Frühling anzeigen. Nach der vier- bis fünfwöchigen Blütezeit bilden sich die ovalen rubinroten Früchte aus. Ab Mitte September beginnt schließlich die Erntezeit des kirschähnlichen Obstes, das viel Vitamin C enthält. Die Früchte haben eine stark ausgeprägte herbe Säure, daher sollte man sie nur voll ausgereift roh verzehren. Frisch verarbeitet sind sie ein äußerst vielseitig einsetzbares Wildobst, nur das Herauslösen des sehr großen Steines aus dem Fruchtfleisch kostet etwas Mühe. In Verbindung mit säurearmen Früchten lassen sich außergewöhnliche Marmeladen oder Gelees herstellen, und eine interessante Abwechslung bietet das Obst als Ergänzung zu Fleischgerichten, ähnlich wie Preiselbeeren, oder pur als „rote Oliven". Dazu werden die noch nicht ganz reifen grünen bis hellroten Früchte einige Wochen süß-sauer eingelegt. Schon bei den alten Römern war diese Art der Zubereitung durchaus bekannt.

Johanniskraut
Hypericum perforatum
Familie: Clusiaceae/Hypericaceae, Johanniskrautgewächse/ Hartheugewächse
Synonyme: Tüpfel-Hartheu, Sonnenwendkraut, Waldhopfen, Johannisblut
Herkunft: Europa

Einer christlichen Legende nach soll das Blut des Täufers Johannes nach dessen Hinrichtung in die goldgelben Blüten des Johanniskrauts geflossen sein. Im rötlichen Öl, das beim Zerreiben der Blüten austritt, meinte man daher das Blut des Märtyrers zu erkennen. Heute wird das gewonnene Hypericin zur Beruhigung bei Schlafstörungen und anderer Nervenleiden sowie bei der Wundbehandlung eingesetzt. Trotz der überaus häufigen Verwendung des bis zu achtzig Zentimeter hohen Gewächses als Heilmittel sind seine Wirkmechanismen bis heute nicht vollständig erforscht.
Das jährlich blühende Kraut hat eine spindelförmige Wurzel und einen im oberen Teil stark verästelten, zweikantigen Stängel. Die elliptisch geformten Blätter sind dicht mit Öldrüsen besetzt und am Rand ebenso wie die fünf Blätter der Krone schwarz punktiert. Die Blütezeit liegt in den Wochen vor und nach dem Johannistag am 24. Juni. In diesem Zeitraum kann die gelbe Pracht auch geerntet werden, während das Kraut eher im Frühjahr gesammelt wird. Zu finden ist es auf trockenen Böden, an Wegrändern und versteckt im Gebüsch.
Wie bei vielen anderen wild wachsenden Pflanzen können auch die Blätter des Johanniskrauts Salatkreationen verfeinern und das rote Öl setzt, sparsam eingesetzt, schöne farbige Akzente.

Wilde Sumpfkresse
Rorippa sylvestris
Familie: Brassicaceal, Kreuzblütengewächse
Synonym: Waldkresse
Herkunft: Europa, Nordafrika, Klein- und Westasien

Die wilde Sumpfkresse siedelt sich gerne an Gewässern mit schwankendem Wasserstand, am Ufer langsam fließender Flüsse und auf Flutrasen an. Der verzweigte Stängel der mehrjährigen krautigen Pflanze erreicht eine Höhe von bis zu 60 Zentimetern und bildet gestielte, gefiederte und fiederteilige Blätter aus, die nach Kresse schmecken. Daher ersetzt das Gewächs als Zutat in der Küche hervorragend andere Kressearten.
Während der Blütezeit von Juni bis Oktober fällt die Pflanze besonders durch ihre prächtigen gelben Blütentrauben auf. Mit Hilfe unterirdischer, verzweigter Ausläufer überwintert sie und bringt im Frühjahr neue Triebe hervor.

Wilde Platterbse
Lathyrus sylvestris
Familie: Fabaceae
Synonyme: Walderbse, wilde Wicke
Herkunft: Europa

Die wilde Platterbse blüht zwischen Juni und August in lichten Waldgebieten, am Wegesrand, auf Bahndämmen oder anderen trockenen Böden. Sie ist in Mitteleuropa weit verbreitet. Ihre zarten Triebe und Blütenknospen schmecken – wie ihr Name schon vermuten lässt – nach Erbsen und verfeinern Wildsalate, die mit einem Dressing aus Wickenblütensirup angerichtet werden. Der Stängel der Pflanze ist bis zu 2 Meter lang und sehr dünn, mit ebenfalls länglichen und am Ende zugespitzten Laubblättern. Ihre traubenartigen Blütenstände mit bis zu sechs Blüten haben meist eine Färbung in rosa, rot oder violett.

WILDE PLATTERBSE
LAT. LATHYRUS SYLVESTRIS

Vogelbeere
Sorbus aucuparia
Familie: Rosaceae, Rosengewächse
Synonyme: Eberesche, Stinkesche, Quitsche, Drosselbeere oder Amselbeere
Herkunft: Europa und Asien

Langsam hat sich herumgesprochen, dass die 1997 zum Baum des Jahres gekürte Vogelbeere entgegen früheren Irrglaubens nicht giftig ist. Die in den Samen enthaltene Parasorbinsäure kann zwar bei rohem Verzehr Magenbeschwerden hervorrufen, sie wird aber beim Erhitzungsprozess der Früchte zu Sorbinsäure abgebaut, welche wiederum sehr gut verträglich ist. In der Industrie dient Sorbinsäure häufig als Konservierungsmittel für Lebensmittel, Arzneien und Kosmetika.
Der bis zu 15 Meter hohe Laubbaum, der auch in strauchartiger Ausprägung vorkommt, bildet ab Mai kleine weiße, manchmal eher unangenehm duftende Blüten in endständigen Doldenrispen aus. Hieraus entstehen im Frühherbst kugelige orange-rote Früchte, die in der Regel drei Samen tragen und wie Miniaturäpfel aussehen. Als Nahrungsquelle für zahlreiche Insekten und Vögel sowie als Lieferant von Nistgehölz hat die Vogelbeere eine überaus wichtige Funktion in der Natur. Darüber hinaus helfen die Vögel bei der Verbreitung der Pflanze, wenn sie die unverdaulichen Samen wieder ausscheiden. Sie ist sehr robust und gedeiht auf nährstoffarmen, sauren Böden.
Die Sammelzeit der Beeren beginnt im August und zieht sich bis in den Oktober hinein, wobei die Früchte nach dem ersten Frost an Bitterkeit verlieren. Den gleichen Effekt erzielt man, wenn man sie nach der Ernte für kurze Zeit einfriert.
Die Früchte sind in der Küche sowohl frisch als auch getrocknet einsetzbar. So wie die Kornelkirsche dient auch die Vogelbeere mit ihrem fruchtigen Geschmack und hohem Gehalt an Vitamin C in Wildgerichten als delikates Äquivalent zu Preiselbeeren. Als Rosengewächs nah mit dem Apfel verwandt, bringt die kulinarische Kombination beider Früchte traumhafte Süßspeisen und delikaten Wein hervor. In Tirol, Salzburg und in der Steiermark hat zudem Schnaps aus Vogelbeeren eine lange Tradition.

HOLUNDER

LAT. SAMBUCUS NIGRA / RACEMOSA

Holunder schwarz / rot
Sambucus nigra / racemosa
Familie: Adoxaceae, Moschuskrautgewächse – früher: Caprifoliaceae, Geißblattgewächse
Synonyme: Flieder, Ellhorn, Elderbaum, Eller, Holler, Holder, Holderbusch, Alhorn, Kelkenbusch
Herkunft: Europa, Nordafrika, West- und Mittelasien

Der rote Holunder, auch Traubenholunder genannt, wächst nur in bewaldeten Gebieten. Der schwarze Holunder hingegen gedeiht eher am Waldrand, zwischen anderen Sträuchern, an Bachläufen oder oftmals auch in heimischen Gärten. Er wächst als Strauch oder Baum mehrere Meter in die Höhe und blüht von Juni bis August. Die reifen Früchte sammelt man im August und September. Sowohl den Blüten als auch den süß-säuerlichen Beeren des Geißblattgewächses wurden schon in der Antike heilende Kräfte zugesagt. Die im Holunder enthaltenen Spurenelemente und Vitamine aktivieren das Immunsystem, wirken fiebersenkend und schweißtreibend und unterstützen somit den Heilungsprozess bei Erkältungskrankheiten und anderen Beschwerden.
Bei unreifen und rohen Früchten ist Vorsicht geboten, denn sie können Übelkeit und Erbrechen auslösen. Die Beeren sind daher erst nach dem Erhitzen genießbar und lassen sich zu erfrischendem Saft, bekömmlichem Tee, Sekt und Wein verarbeiten. In süßen Konfitüren und säuerlichen Chutneys finden sich die viel Vitamin C enthaltenden Beeren ebenfalls häufig. Besonders im Süden Deutschlands sind die „Hollerküchle", in Ausbackteig getauchte und frittierte Holunderblüten, sehr beliebt.

Wildapfel
Malus sylvestris
Familie: Rosaceae, Rosenblütengewächse
Synonym: Holzapfel
Herkunft: nicht eindeutig bestimmt

Im Bereich der Nässegrenzen des Waldes, zwischen Hecken und Gebüsch haben Sammler bei genauer Suche auch heute noch die Möglichkeit, einem Wildapfelbaum zu begegnen. Allerdings ist es schwierig, eine wirklich reinrassige Form ausfindig zu machen, da es unzählige Kreuzungen gibt. Zudem ist der Baum ständig durch konkurrierende Arten bedroht, und da sein Holz keine wirtschaftliche Bedeutung hat, wird er nur noch sehr selten angepflanzt.
Die wilde Form lässt sich von heutigen Kultursorten durch die fehlende Behaarung auf der Unterseite der wechselständigen und unregelmäßig gesägten Blätter und durch die Fruchtgröße von weniger als 3,5 Zentimeter im Durchmesser bestimmen. Das Kerngehäuse ist nur gering ausgeprägt und der Apfel besitzt besonders flache Stiel- und Kelchgruben. Die Zeit der Blüte beginnt im Mai, und von September bis Oktober reifen die Früchte heran, die oft grün bleiben, manchmal jedoch auch die typischen roten Backen ausbilden. Die Äpfel der Wildpflanze schmecken sehr herb und säuerlich, daher können sie einem Gericht mit süßen Wiesenäpfeln eine kräftigere Note verleihen und eignen sich zur Herstellung von säuerlichen Sorbets und köstlichen Gelees.

Gänseblümchen
Bellis perennis
Familie: Asteraceae/Compositae, Korbblütler
Synonyme: Regenblume, Tausendschön, Maßliebchen, Maiblume, Augenblümchen
Herkunft: Europa und Asien

Die langstielige, bis zu 20 Zentimeter hohe Blume trägt weiße, an den Rändern oft in ein starkes Rosa übergehende Korbblüten, die sich um eine gelbe Mitte legen. Sie blüht von März bis November und ist eine der bekanntesten Pflanzen Mitteleuropas, da sie nahezu jeden Rasen und viele Wiesen schmückt. Die aufgrund ihres Aussehens in der Schweiz auch „kleine Margerite" genannte Blume dient aber nicht nur Schwerverliebten als Orakel, die jungen Blättchen am Stängelansatz und auch die Blüten eignen sich durch ihren leicht bitteren Geschmack hervorragend als Salatbeigabe oder als Topping für leichte Kräutersuppen. Die Knospen und noch halb geschlossenen Blüten schmecken leicht nussig und dienen sauer eingelegt als Kapernersatz.

Gemeine Fichte
Picea abies
Familie: Pinaceae, Kieferngewächse
Synonyme: Rottanne, Rotfichte, Pechtanne, Schwarztanne
Herkunft: Europa bis Nordwestasien

Die Gemeine Fichte, die fälschlicherweise aufgrund ihrer rotbraunen Rinde oft als „Rottanne" bezeichnet wird, ist nicht nur die einzige in Mitteleuropa heimische Art dieser Familie, sie ist in großen Landesteilen auch die weitaus häufigste Baumart. Klimatisch bevorzugt der immergrüne Baum winterkaltes Kontinental- und Gebirgsklima, daher ist er hierzulande nur in höher gelegenen Gebieten ab 800 Meter beheimatet. Für die Forstwirtschaft stellt das Kieferngewächs eine überaus wichtige Baumart dar, denn es äußert nur geringe Standortansprüche, kann auch schattig stehen und lässt sich gut mit anderen Arten kombinieren.
Je nach geographischer Lage wechselt auch das Erscheinungsbild des einstämmigen Baumes. Die Kronen sind von unterschiedlicher Größe und Dichte, die überaus spitzen und oft sichelförmig gebogenen Nadeln ähneln sich dagegen sehr. Geerntet werden nur die frischen, hellgrünen und fast noch geschlossenen Triebe im Mai und Juni eines Jahres. Dabei ist darauf zu achten, nur die Sprossen der großen, unteren Äste abzunehmen, nicht aber die Triebe im Wipfelbereich, da dies den Baum nachhaltig schädigen kann. Das Sammeln der Tannentriebe im Wald sollte nur mit Erlaubnis des jeweiligen Besitzers oder Försters geschehen.
Das Öl des Kieferngewächses kommt vor allen Dingen in der Heilkunde zum Einsatz. Es wird aus den Nadeln und kleineren Ästen durch Wasserdampf-Destillation gewonnen und dient als Hustensaft eingenommen der natürlichen Krankheitsabwehr. Schon Hildegard von Bingen berief sich auf die Heilkräfte des duftenden Fichtenharzes. Auch kulinarisch finden die Triebe durchaus Verwendung. Klein gehackte Fichtenspitzen verfeinern Butter oder Soßen und – in Kombination mit Nüssen oder pur – frisch zubereitete Pestos. Fichtennadelgelees stellen einen abwechslungsreichen Brotaufstrich dar, und als Likör oder Sirup bereichern die jungen Nadeln jede Nachspeise.

Japanischer Knöterich
Reynoutria japonica
Familie: Polygonaceae, Knöterichgewächse
Synonyme: Zugespitzter Knöterich, Spieß-Knöterich
Herkunft: Japan, Korea und China

Der japanische Knöterich gehört, wie der Name schon sagt, zur Familie der Knöterichgewächse und ist mit dem Speiserhabarber verwandt. Auch geschmacklich und optisch ähneln sich die beiden Pflanzen. Die sehr schnell verholzenden Stängel des japanischen Knöterichs tragen jedoch keine großen und krausen, sondern eher lederartige, nur fünf bis 20 Zentimeter lange Blätter. Das schnellwüchsige Strauchwerk ist äußerst widerstandsfähig und überdauert den Winter mit Hilfe eines weit verzweigten Wurzelgeflechts. Im Frühling keimen aus den Rhizomen neue Triebe hervor, die der Pflanze in wenigen Wochen einen Wuchs von mehreren Metern Höhe und eine jährliche Ausdehnung von über einem Meter bescheren. Daher werden die Stauden in Gärten gerne als Sichtschutz gepflanzt. Wildwuchernd kommt der japanische Knöterich insbesondere an Ufern von Fließgewässern, aber auch an Straßenrändern und auf stillgelegten Industrieflächen vor. In bewaldetem Gebiet begegnet er Spaziergängern in etwas weniger stark wuchernder Form.
Nur die ganz jungen Sprossen eignen sich zum Dünsten oder Kochen und können als säuerlich-süße Zutat ein kräftiges Hauptgericht ebenso wie ein feines Dessert bereichern. Frisch geerntet schmecken sie auch roh als Salatbeigabe hervorragend.

JAPANISCHER KNÖTERICH
LAT. REYNOUTRIA JAPONICA

ECHTE WALNUSS

LAT. JUGLANS REGIA

Echte Walnuss
Juglans regia
Familie: Juglandaceae, Walnussgewächse
Synonyme: Christnuss, Welsche Nuss, Baumnuss, persische Nuss
Herkunft: Asien

Die Walnuss gehört zu den ältesten uns bekannten Bäumen und wird aufgrund ihrer essbaren Nüsse schon seit Langem in Europa kultiviert. Der sommergrüne Laubbaum kann über 100 Jahre alt werden und wächst gerne auf tiefgründigen und kalkreichen Lehm- und Tonböden. Im Frühjahr ergrünt er stets zuletzt und im Herbst verliert der frostempfindliche Baum als Erstes seine Blätter. In botanischen Lehrbüchern wird die Walnuss meist noch als Steinfrucht bezeichnet, neuere Forschungen ordnen sie jedoch den Nussfrüchten zu. Die essbaren Früchte des Baumes sitzen im Inneren einer braunen, sehr harten Schale, die wiederum in eine grüne Hülle eingebettet ist. Diese platzt Ende September oder Anfang Oktober auf und gibt die reife Nuss frei. Erst mit etwa 40 Jahren liefert der Baum wirklich gute Erträge, die in hohem Alter wieder abnehmen. Zudem unterliegt die Ausbeute jährlichen Schwankungen. Walnüsse sind überaus gesund, denn sie enthalten mehrfach ungesättigte Fettsäuren, wertvolle Proteine, Mineralstoffe, Ballaststoffe sowie die Vitamine A, B, C und E. Nicht nur als Krönung von Pralinen oder Torten, sondern auch in Hauptgerichten ist die Nuss immer eine Bereicherung. Aromatische Füllungen oder pikante Ummantelungen bei Fleisch- und Fischgerichten gelingen ebenso gut wie ein vegetarisches Walnuss-Risotto oder ein herzhafter Herbstsalat. Ende Juni noch grün gepflückt und in einer langwierigen Prozedur eingelegt, ist die Walnuss darüber hinaus als pfälzische Spezialität bekannt. Experimentierfreudige Genießer verarbeiten zudem im Frühling die Blütenrispen und im Sommer die Blätter in der Küche.

Waldziest
Stachys sylvatica
Familie: Lamiaceae/Labiatae, Lippenblütler
Synonym: Waldnessel
Herkunft: Europa und Nordamerika

Die mehrjährige krautige Pflanze erreicht Wuchshöhen von bis zu 1,20 Meter und bevorzugt feuchte Böden mit ausreichend Stickstoffgehalt. Ihr weich behaarter Stängel verzweigt sich im oberen Bereich und trägt traubenähnliche Blütenstände. Ebenfalls sehr behaart sind die gestielten und zugespitzt auslaufenden herzförmigen Blätter, die in ihrem Aussehen sehr der Brennessel ähneln. Die meist dunkelroten Blüten mit einer auffälligen weißen Zeichnung öffnen sich zwischen Juni und September. In dieser Zeit geerntet bereichern sie jedes Waldpilzgericht. Einen Vorgeschmack auf solche Gerichte erhält der Sammler beim Zerreiben der Blätter, denn dann entsteht ein ausgeprägter Geruch nach frischen Steinpilzen.

Rainfarn
Tanacetum vulgare
Familie: Asteraceae/Compositae, Korbblütler
Synonyme: Wurmkraut, Westenknopf, Rehfarn, Milchkraut, Drusenkrud
Herkunft: Europa und Asien

Der Rainfarn ist eine stark wuchernde Pflanze mit langen gefiederten Blättern, die einen intensiven herb-aromatischen Duft abgeben. Von Juli bis September trägt er in einer schirmartigen Rispe goldgelbe, körbchenförmige Blütenstände, die in ihrem Aussehen kleinen Knöpfen ähneln. Die in dem wintergrünen Kraut enthaltenen ätherischen Öle können beim Menschen Vergiftungserscheinungen hervorrufen, wenn der Bestandteil Thujon in zu hoher Konzentration vorliegt. Auch in Wermut, Thymian oder Rosmarin kommt dieses Toxin häufig vor, und ebenso wie Wermutkraut ist Rainfarn eine bekannte Beigabe in Kräuterlikören. In der Küche bereichert er Gerichte mit Krebstieren und Garnelen oder setzt mit seinen Blüten farbenfrohe Akzente in Süßspeisen. Da das Kraut auf der Haut leichte Kontaktallergien auslösen kann, sollte man allerdings nicht nur beim Verzehr, sondern auch beim Pflücken der Pflanze sehr vorsichtig sein. Ihr bevorzugtes Siedlungsgebiet sind sonnige Lehm- oder Tonböden mit leicht basischem Gehalt.

RAINFARN
LAT. TANACETUM VULGARE

Wildmöhre
Daucus carota
Familie: Apiaceae/Umbelliferaceae, Doldenblütler
Synonyme: Karotte, Mohrrübe
Herkunft: Europa

Der Blütenstand der bis zu einem Meter hoch werdenden wilden Möhre besteht aus einer Doppeldolde mit vielen kleinen weißen Blüten, wodurch das meist zweijährige, manchmal auch mehrjährige Gewächs in seinem Aussehen sehr stark anderen Doldenblütlern ähnelt. Sammler erkennen die Mohrrübe jedoch an einer typischen einzelnen schwarzen oder dunkelroten Blüte in der Mitte der Dolde. Der dunkle Punkt sieht von Weitem aus wie ein Insekt und soll vermutlich andere Tiere zur Bestäubung anlocken. Vor dem Aufblühen im Mai oder Juni und nach der Bestäubung ziehen sich die flachen Dolden so zusammen, dass sie Spaziergängern wie kleine Vogelnester erscheinen. Die Wildmöhre bevorzugt trockene, stickstoffarme Weg- und Straßenränder sowie wenig bewachsene Wiesen und Böschungen.
Schon in der Antike wurde die wilde Möhre als nahrhaftes Gemüse geschätzt, und die heutige Zuchtform ging vermutlich aus einer Mischung dieser Urform mit weiteren Wildformen hervor. Die blasse Wurzel der wild wachsenden Pflanze ist sehr lang und nur fingerdick. Roh ist sie nicht immer zum Verzehr geeignet, da sie oftmals zäh und holzig schmeckt, aber erhitzt ist sie in der Küche wie ihre orangefarbene Verwandte einsetzbar. Die feinen Blätter können darüber hinaus das Aroma einer cremigen Möhrensuppe bereichern; die kleinen haarigen Samen geben Liebhaber einfach als Topping hinzu.

WILDMÖHRE
LAT. DAUCUS CAROTA

Wiesen-Bärenklau
Heracleum sphondylium
Familie: Apiaceae/Umbelliferaceae, Doldenblütler
Synonym: Bärentatzen
Herkunft: Europa, Nordafrika und Asien

Der Wiesen-Bärenklau ist eine mehrjährige krautige Pflanze, die Wuchshöhen von bis zu 1,5 Metern erreicht. Den kräftigen und borstig-behaarten Stängel umgibt eine große Rosette aus sich überlappenden Blättern, die ebenso wie die weiter oben austreibenden Blätter eine auffällige, als Knospenschutz dienende Blattscheide besitzen. Die Blüten sind weiß, manchmal auch leicht grünlich oder hellrosa gefärbt und wachsen ab Juni in großen flachen Dolden, die sich wiederum aus vielen kleinen Dolden zusammensetzen.
Bei der Ernte ist ein Schutz der Hände sinnvoll, denn das Gewächs verursacht unter der Einwirkung von Licht oftmals unangenehme Rötungen und Schwellungen auf der Haut. Eine Lichtempfindlichkeit tritt beim Verzehr der jungen Blätter und Triebe jedoch nur selten auf. Als Wildgemüse oder im Salat erinnern die Sprossen im Geschmack ein wenig an Spargel, aber auch erfrischende Kompottvarianten sind möglich. Hierzu werden die Stiele der Pflanze geschält und eingekocht.
Die Sammelzeit für das Kraut des Wiesen-Bärenklaus liegt in der Blütezeit von Juni bis September, während der Wurzelstock nur im Herbst oder aber im Frühjahr vor dem Austrieb neuer Sprossen geerntet werden kann. Der Doldenblütler wächst vermehrt an Waldrändern, Ufern oder in Gräben und bevorzugt feuchte, lockere Böden.

Gundermann
Glechoma hederacea
Familie: Lamiaceae, Lippenblütengewächse
Herkunft: Europa, Asien

Gundermann ist eine kleine mehrjährige Pflanze, die flach auf dem Boden kriechend schnell große Flächen bedeckt. Die Blätter sind rund, ledrig und haben bis zu 5 Zentimeter Durchmesser. Der Gundermann blüht in schönen blau-violetten Blüten, so dass es mittlerweile auch Zierformen gibt.
Im Garten hat man den Gundermann meist nicht freiwillig, da er häufig im Rasen oder in den Fugen von Pflasterflächen wächst. Er ist dabei zwar längst nicht so lästig wie der Giersch, hat aber immerhin genügend Wuchskraft, um als sogenannter Bodendecker Verwendung zu finden.
Aufgrund seines harzigen Geschmacks gehört er zu den würzigen Wildkräutern, die nur sparsam verwendet werden sollten. Im Zusammenhang mit Milchprodukten ist er eine echte Delikatesse, z. B. im Ayran. Seine Inhaltsstoffe wirken blutreinigend und allgemein stoffwechselfördernd.
Die Ernte ist recht aufwendig, weil die Triebe bunt durcheinander wachsen. Entweder erntet man die Triebspitzen oder die einzelnen Blätter.

Giersch
Aegopodium podagraria
Familie: Apiaceae, Doldenblütengewächse
Synonyme: Geißfuß, Zipperleinskraut, Gichtkraut, Podagrakraut
Herkunft: Europa, Asien

Diese mehrjährige Pflanze wird zirka 35 Zentimeter hoch, blüht über dem Laub in weißen Dolden und breitet sich invasiv über Wurzelausläufer aus. Der Giersch wächst oft unter Gehölzen, macht aber auch vor sonnigen Staudenpflanzen nicht halt. Da der Giersch zudem extrem widerstandsfähig gegen alle Bekämpfungsarten ist, ist er für die meisten Gärtner ein lästiges und unausrottbares Unkraut. Dabei galt der Giersch früher als wirksames Heilkraut gegen rheumatische Beschwerden und Gicht. Daher stammt auch der lateinische Name „podagraria“, was so viel wie „das Podagra (Gicht) heilende“ heißt.
Auch kulinarisch lässt sich Giersch ausgezeichnet zubereiten. Geschmacklich erinnern die jungen hellgrünen Blätter an eine Mischung aus Petersilie und Karotte und können z. B. zu Salat oder grob gehackt in Stampfkartoffeln serviert werden. Ältere Blätter ergeben nur noch ein sehr grobes Gemüse. Darum empfiehlt es sich, den Giersch regelmäßig abzumähen, damit er immer neue junge Blätter bildet. Außerdem verhindert man dadurch die Samenbildung, wodurch die starke Verbreitung unterdrückt werden kann.

Rezept für 4 Personen

Aprikosenhippe:
250 g getrocknete Aprikosen
215 g Eiweiß
75 g Mehl, Type 405
1 TL Schabzigerklee, gemahlen

Quinoa mit Koriander:
80 g Quinoa (ergibt 180 g)
600 g Aprikosen, in kleine Würfel geschnitten
1 EL Koriander, gehackt
1 TL Korianderkörner, gemahlen
1 TL Meersalz
40 ml Vinaigrette

Gebeizte Dorade:
300 g Doraden-Filet
5 g Gundermann
10 g Meersalz
10 g Zucker

Schnittlauchöl:
25 g Schnittlauch, fein gehackt
50 ml Sonnenblumenöl
Meersalz

Für die Hippe die Aprikosen grob hacken und fein pürieren. Einen Teil des Eiweißes und das Mehl dazugeben. Das übrige Eiweiß nach und nach dazurühren. Durch ein Haarsieb streichen. Ein Backblech mit einer Silikonmatte auslegen. Den Teig mit einer Schablone von 4,5 x 23,5 cm darauf verstreichen. Mit Schabzigerklee bestreuen. Im Backofen bei 140 °C 7–8 Minuten goldbraun backen. Noch warm in Metallringe (Ø 5 cm) einlegen und erstarren lassen.
Den Quinoa in Salzwasser etwa 10 Minuten kochen. Abtropfen, die anderen Zutaten dazugeben und würzen.
Die Dorade entgräten. Gundermannblätter fein hacken und zusammen mit Salz und Zucker auf der Fleischseite der Filets verteilen. 12 Stunden beizen lassen. Salz und Zucker abstreifen und eine Nacht auf einem Rost an der Luft trocknen lassen.
Für das Schnittlauchöl den Schnittlauch feinschneiden mit Öl, Salz und einem Esslöffel Wasser pürieren. Das Öl durch ein Haarsieb streichen, abschmecken.

DORADE MIT GUNDERMANN GEBEIZT,
APRIKOSENHIPPE MIT QUINOA UND KORIANDER

JEAN-MARIE DUMAINE

LACHS GEBRATEN MIT FENCHEL, SAUERAMPFER-GAZPACHO UND VOGELBEEREN

JEAN-MARIE DUMAINE

Rezept für 10 Personen

Sauerampfer-Gazpacho:
100 g Brennnessel-Püree
(gefroren als Eiswürfel)
50 ml Olivenöl
100 g Sauerampfer
50 ml Weißweinessig
10 g Baguettebrösel
10 g Zucker
Meersalz

Schabzigerklee-Schaum:
250 ml Milch
50 ml Sonnenblumenöl
50 ml Sahne
25 g Milchpulver
5 g Schabzigerkleepulver
3 g Meersalz

Fenchel:
400 g Fenchel
2 EL Olivenöl
50 ml Gemüsebrühe
Meersalz

Sonnenblumenkern-Gomasio:
100 g geröstete Sonnenblumenkerne
8 g Fleur de Sel

Lachs:
1,5 kg Lachsfilet mit Haut
100 g Vogelbeeren
50 g Zucker
50 ml Zitronensaft
1 Sternanis
50 ml Wasser

Für das Sauerampfer-Gazpacho alle Zutaten cremig pürieren und abschmecken.
Für den Schabzigerklee-Schaum alle Zutaten in einem Topf aufkochen und abschmecken. Vor dem Servieren aufschäumen.
Den Fenchel längs in dünne Scheiben schneiden. In einer Pfanne mit Olivenöl kurz anbraten. Mit der Gemüsebrühe ablöschen und mit Salz würzen.
Für das Gomasio die Sonnenblumenkerne im Backofen leicht rösten, dann mit dem Messer grob hacken. Mit Fleur de Sel würzen.
Für die Vogelbeeren den Zucker hell karamelisieren. Zitronensaft, Sternanis, Wasser dazugeben und aufkochen. Vogelbeeren im Sirup ziehen lassen.
Anrichten: Auf vorgewärmten Tellern mit dem Gazpacho einen Bogen bilden. Fenchel, 5 Vogelbeeren und Gomasio sowie das medium gegarte Lachsfilet dazulegen. Mit dem Schabzigerklee-Schaum abschließen.

FREILAND-PERLHUHN MIT ENTENLEBER, VIN JAUNE, ZUCKERMAIS UND VOGELMIERE

JEAN-MARIE DUMAINE

Rezept für 10 Personen

Vogelmiere-Sauce:
50 g Vogelmiere
25 ml Wasser
2 EL Olivenöl
1 TL Salz
1 TL Zucker

Perlhuhn-Jus mit Vin Jaune:
250 ml Perlhuhn-Sauce
100 g Zwiebel, Karotte, Sellerie, Lauch
150 ml Vin Jaune
1 TL Speisestärke

Fertigstellung:
4 EL Vin Jaune
1 Stück Butter
4 gebratene Perlhuhnbrüste
(120 g pro Person)
4 gebratene Entenstopflebern
(40 g pro Person)
12 Mini-Mais, blanchiert und in Butter geschwenkt
4 EL Maiskörner, in Butter gedünstet
4 EL frische Vogelmiere-Spitzen

Die Vogelmiere für die Sauce fein hacken. In einem Topf mit Olivenöl andünsten, mit Wasser, Salz und Zucker aufkochen. Pürieren und durch ein Haarsieb streichen. Abschmecken.
Für den Jus die Perlhuhn-Sauce mit dem angedünsteten Gemüse zirka 20 Minuten kochen. Durch ein Sieb gießen. Zum Schluss den Vin Jaune dazugeben, leicht binden und mit Salz abschmecken.
Perlhuhnbrust und Entenstopfleber anrichten, mit Perhuhn-Jus überziehen. Die Vogelmiere-Sauce dazugeben und mit Mais sowie Vogelmiere-Spitzen dekorieren.

Rezept für 4 Personen

Johanniskrautöl:
100 g Johanniskrautblüten
200 ml Olivenöl

Tartarsauce:
1 TL Japanischer Knöterich in Essig (oder Kapern)
1 Eigelb
11 EL Wiesenschaumkrautsenf
1 TL Essig
2 EL Johanniskrautöl

Tatar:
320 g Rinderfilet
1 Schalotte, klein geschnitten
2 EL gehackte frische Kräuter (z. B. Schnittlauch, Geißfuß, Dost)
Meersalz
1 Msp. frisch gemahlener Pfeffer
4 EL Walnusstapenade

Sumach-Strudel:
4 Brickteig-Blätter
4 EL geklärte Butter
1 EL Sumach

12 Radieschen
4 EL Vinaigrette
zarte Kräuter wie Vogelmiere, Giersch, Taubnessel, Labkraut, Schafgarbe
4 EL Meerrettichsauce mit Sahne
1 TL Johanniskrautöl

Wiesenschaumkrautsenf
100 g Wiesenschaumkrautblüten
100 ml Weinessig
50 g Roggenvollkornmehl
1 EL Senfkörner, zerstoßen
1 EL Honig
1 EL Fruchtmark von Blaubeeren
1 TL Meersalz

Die Wiesenschaumkrautblüten mit dem Weinessig fein pürieren. Die übrigen Zutaten untermischen. Über Nacht im Kühlschrank ziehen lassen. Den Senf in Gläser mit Schraubverschluss füllen und im Kühlschrank aufbewahren.

Walnusstapenade
Salzlake:
1 l Wasser
400 g Salz

Tapenade:
1,2 kg grüne Nüsse (am Besten vor dem Johannistag, 24. Juni, geerntet)
200 ml Olivenöl
400 g Tomaten, gehäutet, entkernt und fein gewürfelt
5 Knoblauchzehen
100 ml Rotweinessig
50 g Tomatenmark
1 TL grob zerstoßener Pfeffer

Für die Salzlake das Wasser mit dem Salz aufkochen. Abkühlen lassen. Die Nüsse in ein hohes Gefäß geben und mit der Salzlake bedecken. Das Gefäß mit einem Teller abdecken und die Nüsse 2 Wochen ziehen lassen. Dann die Nüsse in ein Sieb gießen, abtropfen lassen und über Nacht wässern. Die Nüsse abgießen und einen Tag trocknen lassen.
Für die Tapenade die Nüsse fein hacken. Das Olivenöl in einem großen Topf erhitzen. Nüsse, Tomaten und den durchgepressten Knoblauch darin kurz andünsten. Rotweinessig, Tomatenmark und Pfeffer darunterrühren und alles bei kleiner Hitze musartig einkochen lassen.
Die Tapenade heiß in Gläser mit Schraubverschluss füllen und sofort verschließen.
Tipp: Passt gut zu Carpaccio und Tatar. Eignet sich zum Füllen von Cocktailtomaten oder zum Bestreichen von geröstetem Brot, pur oder mit Thunfisch oder gehobeltem Parmesan.

Rheinkapern – Japanischer Knöterich in Kräuteressig
500 g Sprossen vom Japanischen Knöterich, 5 cm lang
4 EL Meersalz
200 ml Weißwein
200 ml Weißweinessig
2 Nelken
1 TL Senfkörner
1 TL weiße Pfefferkörner
1 Lorbeerblatt

Die Knöterichsprossen mit dem Salz mischen und zugedeckt im Kühlschrank 1 Woche ziehen lassen. Nach 2 Tagen wenden. Nach 1 Woche den schleimigen Saft von den Sprossen abspülen und diese in ein verschließbares Glas geben. Wein und Essig mit allen Gewürzen aufkochen. Abkühlen lassen. Über die Sprossen gießen und 1 Monat ziehen lassen. Hält sich mehrere Monate.
Tipp: Schmeckt wie Kapern und eignet sich als Snack, für Saucen und Salate.

Für das Johanniskrautöl die Blüten in ein Glas geben, mit dem Olivenöl bedecken und verschließen. An einem sonnigen Platz 4 Wochen ziehenlassen und einmal in der Woche drehen. Das dunkelrote Öl durch ein Sieb gießen, die Blüten gut ausdrücken, das Öl in eine Flasche füllen und im Kühlschrank aufbewahren.
Für den Sumach-Strudel den Brickteig in Streifen scheiden: 8 Streifen 10 x 12 cm, 8 Streifen 4 x 24 cm. Den Teig mit geklärter Butter von beiden Seiten bestreichen. Mit Sumach bestreuen. Den Brickteig umdrehen, so dass der Sumach außen ist. Die 10 cm breiten Streifen um ein Metall-Rohr von 1,5 cm Durchmesser rollen. Die 4 cm breiten Bänder um einen Metall-Ring von 4 cm Durchmesser rollen. Auf einer Silikonmatte bei 180 °C etwa 8 Minuten goldgelb backen und abnehmen.
Die Zutaten für die Tartarsauce müssen vor der Verarbeitung Zimmertemperatur haben. Für die Tartarsauce den Japanischen Knöterich fein würfeln. Alle Zutaten bis auf das Öl mischen. Das Öl in einem feinen Strahl nach und nach unterrühren.
Für das Tatar das Rinderfilet in feine Würfel schneiden. Mit der Tartarsauce, Schalotte, Kräuter, Salz und Pfeffer mischen. Unmittelbar vor dem Servieren das Tatar in den Sumach-Strudel füllen und glatt streichen. Mit einer dünnen Schicht Walnusstapenade bestreichen. Mit den frischen Kräutern, Meerrettichsauce und Johanniskrautöl garnieren.
Bei den Radieschen das Grün bis auf 1 Zentimeter abschneiden. Die Radieschen waschen, vierteln und kurz blanchieren. Die Radieschen im Kühlschrank etwa 2 Tage aufbewahren, damit die rosa Farbe durchzieht. Dann mit Salz und Vinaigrette abschmecken.

TATAR VOM EIFELRINDERFILET IM SUMACH-STRUDEL MIT JOHANNISKRAUTÖL UND WALNUSSTAPENADE

JEAN-MARIE DUMAINE

MÄDESÜSSBLÜTEN-PARFAIT MIT WALDMEISTER-ORANGEN, ERDBEERSAUCE UND KAKAO-STREUSEL-KROKANT

JEAN-MARIE DUMAINE

Rezept für 4 Personen

Mädesüß-Parfait:
130 ml Wasser
40 g Mädesüß
60 g Zucker
2 Blätter Gelatine
10 ml Sonnenblumenöl
200 g Schlagsahne
4 Holzstiele, 15 cm lang, Ø 0,3 cm
150 g weiße Schokoladen-Kuvertüre

Kakao-Streuselteig:
80 g Vanillebutter
20 g Zucker
1 TL Meersalz
60 g Mehl, Type 405
20 g Mandelgrieß
20 g Kakaopulver

Kakao-Streusel-Krokant:
20 g Zucker
20 g Schokoladen-Streuselteig

Erdbeersauce:
100 g Erdbeeren
5 g Puderzucker

Dips:
4 EL Orangenkonfitüre mit Waldmeister (aus dem Glas), fein gehackt
4 EL Orangenpulver
4 EL Hanfsamen, leicht geröstet
4 EL weißer Mohn, leicht geröstet

Für das Mädesüß-Parfait das Wasser in einem Topf aufkochen. Mädesüß dazugeben. 10 Minuten zugedeckt ziehen lassen. Durch ein Haarsieb streichen und stark auspressen. Den Zucker im Mädesüß-Tee auflösen, ebenso die eingeweichte Gelatine. Das Sonnenblumenöl nach und nach dazugeben und mit einem Mixstab homogenisieren. Abkühlen lassen. Die Sahne aufschlagen und unter die Mädesüß-Creme heben. Plastik-Zylinder von einer Seite mit Klarsichtfolie und Gummi schließen, dann mit der Mädesüß-Creme füllen. Im Kühlschrank fest werden lassen und die Holzstiele einstecken. Tiefgefrieren. Vor dem Servieren das Mädesüß-Parfait aus dem Zylinder nehmen und die Hälfte mit weißer Kuvertüre überziehen.
Für den Kakao-Streuselteig die Butterstückchen mit Zucker und Salz zusammenkneten. Gesiebtes Mehl, Mandeln und Kakao unterkneten. Die Steusel gleichmäßig auf ein Backblech krümeln. Bei 130–140 °C etwa 30 Minuten backen. Abkühlen lassen.
Für den Kakao-Streusel-Krokant die Streusel durch ein Drahtsieb streichen. Zucker trocken karamellisieren. Die Streusel dazugeben und gleichmäßig verrühren. Auf eine Silikonmatte gießen. Mit einer zweiten Silikonmatte zudecken und mit einem Nudelholz gleichmäßig dünn ausrollen. Abkühlen lassen, dann fein zerkleinern und durch ein grobes Drahtsieb passieren.
Für die Erdbeersauce die Hälfte der Erdbeeren mit Puderzucker in einen Topf geben. Langsam unter ständigem Rühren reduzieren. Abkühlen. Die andere Hälfte dazugeben. Pürieren und durch ein Haarsieb streichen.

FULL ON IRISH

Back to Ireland
Unsere kleine Reisegruppe trifft sich in Dublin am Flughafen. Wir haben einen Bus angemietet. Obwohl er der kleinste des Busunternehmens Bartons ist, wirkt er für uns fünf zwei Nummern zu groß geraten. Aber viel Raum ist wahrer Luxus, und so wird die Reise, die uns in den Süden an die irische See führt. Das Wetterwechselbad aus Sonne, Niesel- und Platzregen kennen wir ja bereits von unseren letzten Besuchen. Die schmalen Straßen, tunnelartig von der Vegetation überwuchert, lassen keine hohen Geschwindigkeiten zu und sind nicht ganz ungefährlich, denn bei entgegenkommenden Fahrzeugen wird der Raum sehr knapp. Aber unser Fahrer Tony bringt uns sicher und cool an jedes Ziel.

Ja und da wären wir, 185 Kilometer weiter südlich und vier Stunden später. Im Dunbrody Country House mit Hotel & Cooking School in Arthurstown, County Wexford. Das in einem wunderbaren Park nahe der Irischen See gelegene schlossähnliche Herrenhaus ist nun für zwei Tage unsere Basis. Der Name Dunbrody ist maritimen Ursprungs. Mit dem Segler gleichen Namens wanderten die Iren einst in das gelobte Land Amerika aus. Ein originalgetreuer Nachbau dient heute als Museum.

Herr des Dunbrody Hauses, Chefkoch und unser auserkorener Botschafter der irischen Küche ist Kevin Dundon. Kevin ist in Irland ein Superstar. Jeder kennt ihn aus seinen TV-Kochshows, ähnlich wie bei uns einen Johann Lafer oder Stefan Marquard. Zudem gehören seine Bücher zu den Bestsellern des Genres. Im Moment streckt er seine kulinarischen Fühler in die USA aus. Zwei Restaurants hat er dort bereits eröffnet. Kevin ist ein immer lächelnder Sunnyboy mit sicherem Wortvortrag und hoher Professionalität. Sein großes Thema „Full on Irish" bedeutet Fokussierung auf irische Viktualien und eine unkomplizierte Produktküche.

Kevin vertritt deutlich die Gruppe der Köche, die am liebsten nur Produkte verwenden, die in unmittelbarer Nähe produziert werden. Einen Großteil dessen, was dem Gast serviert wird, bauen die Gärtner des Dunbrody Hauses selbst an. Versteckt im Gelände des Parks lassen sich die unterschiedlichsten Gärten entdecken. Alle funktional und gleichsam wunderschön ästhetisch angelegt. Den verwunschenen Gemüsegarten erreicht man über einen Weg, der sich unter Baumgiganten windet. Hier gedeiht auf gutem Boden ein reichhaltiges Angebot an exzellentem Gemüse. Zwei Gewächshäuser dienen der Zucht von Setzlingen und geben empfindlichen Pflanzen wie den zarten Blüten der Kapuzinerkresse Schutz vor dem oft prasselnden Regen. Übrige Setzlinge topft man ein, um sie zum Verkauf anzubieten. Zwischen den Gemüsebeeten werden geschickt Kräuter gesetzt, um Schädlinge fernzuhalten. Der eigentliche Kräutergarten befindet sich einen Spaziergang entfernt, näher am Haus und näher zur Küche. Unweit gibt es noch einen Stall mit Hühnern, die für die Versorgung der Gäste mit Frühstückseiern zuständig sind. Überquert man von dort aus die große, offene Wiese vor dem stattlichen Country House, gelangt man, vorbei an einem freundlichen Hängebauchschwein, zum Obstgarten. Er ist vor einigen Jahren neu angelegt worden. Das Beerenobst trägt schon prächtig Früchte. Die Obstbäume sind noch im Teeniealter und strecken kräftig ihre Zweige gen Himmel.

Abends serviert uns Kevin ein Tasting-Menü, in dem wir viele der Produkte wiederfinden, die wir im Garten gesehen haben. Ein Sorbet aus Kresseblüten, die Schalotten und Möhren zum Fillet of Beef und ein Erbsenpüree zu den Scallops, die sein Fischer einen Steinwurf vom Restaurant entfernt anlandet.

Das Restaurant ist gut besucht, die Einrichtung sehr gediegen, so wie man es von einem solchen Ort erwartet. Ebenso die Gäste – ganz klar gehören sie zur besseren Gesellschaft Irlands. Seit Kevin durch das Fernsehen bekannt wurde, kommen viele von weit her, um bei ihm zu essen. Ich werfe einen Blick in die Küche und bin baff. Hier hätte ich jetzt eine große Crew erwartet und einen Superstar als Dirigent, vielleicht am Pass. Nichts da! Die Küche ist klein und einfach ausgestattet. Kevin brät, kocht, richtet an – unterstützt von zwei Köchen. Er arbeitet wie ein Wirbelwind zwischen den Stationen, ebenso virtuos ist sein Souschef, der durchaus allein zurecht kommt, wenn Kevin zu den Studios fährt. Sein Souschef wird es auch sein, der uns am nächsten Tag die Hummer zubereitet, die wir geschenkt bekommen werden.

www.dunbrodyhouse.com

KEVIN DUNDON UND SEIN DUNBRODY COUNTRY HOUSE

Kevin Dundon ist Inhaber und Küchenchef von Dunbrody Country House Hotel & Restaurant. Das Anwesen liegt im sonnigen Südosten Irlands im County Wexford. Dunbrody wurde im Jahr 1997 von ihm und seiner Frau Catherine eröffnet. Heute gilt das Anwesen als eines der besten Hotels und Restaurants Irlands. Es ist Partner von „Small Luxury Hotels of the World" und in Irlands „Blue Book" aufgeführt. Das Haus hat zahlreiche Auszeichnungen erhalten, unter anderen auch „Restaurant des Jahres" für die Jahre 2004 bis 2006 und „Landhaus des Jahres 2001". Die angegliederte Kochschule ist eine der populärsten im Land.

Seine Karriere hat Kevin im Restaurant „The Old Schoolhouse" in Dublin begonnen. Er vertiefte sein kulinarisches Wissen dann an der Catering-Akademie in Dublin, wo er 1986 mit Diplom abschloss. Als Souschef in Fairmont Hotels & Resorts Kanada repräsentierte er Kanada bei zahlreichen Wettbewerben in den USA, Luxemburg und auf kulinarischen Olympiaden. 1992 absolvierte er seinen „Chef de Cuisine"-Master mit Auszeichnung.

Seit seiner regelmäßigen Teilnahme 2005 am populären Abendmagazin „The Afternoon Show" auf dem irischen Sender RTE ist Kevin ein absoluter TV-Superstar in seiner Heimat. Auch Fernsehformate wie „Guerilla Gourmet" verdanken ihm den Riesenerfolg. Außerdem war er für zahlreiche ausländische Sender wie ESPN, CBC Canada, NBC und BBC tätig.

2005 erschien sein Bestseller „Full on Irish", in diesem Jahr hat er sein zweites Werk „Great Family Food" veröffentlicht.

MATTHAES

HANS HORBERTH
ZWISCHEN_spiel
Kleine Köstlichkeiten
vor dem Hauptgericht
DIE KUNST DER
LEICHTIGKEIT
MATTHAES

Ein Gewächshaus in Kevins Garten

Bergpfeffer
Drimys lanceolata, Tasmannia lanceolata
Familie: Winteraceae, Winterrindengewächse
Synonyme: Tasmanischer Pfeffer, Australischer Pfeffer
Herkunft: Australien

An markanten roten Ästen und dunkelgrünen Blättern hängen die kleinen Beeren, die getrocknet in Farbe und Größe stark dem schwarzen Pfeffer ähneln. Botanisch gehört die australische Beerenfrucht, die im Hochland von Victoria bis Queensland gedeiht, jedoch nicht zur Familie der Pfeffergewächse.
Schon die Aborigines verwendeten die getrockneten und zum Teil pulverisierten Beeren und Blätter in ihrem „Bush-Food". Kängurufilets und Emusteaks werden in einer einfachen Marinade aus tasmanischem Pfeffer und hochwertigem Öl kurz angebraten und karamelisierte Früchte mit einer kleinen Prise des Winterrindengewächses bestreut. Da es bei längerer Hitzezufuhr seine Geschmacksnuancen einbüßt, gibt man es erst kurz vor Ende der Garzeit hinzu. Am Gaumen hat Bergpfeffer eine blumig-süßliche Note, die jedoch schnell verfliegt und einer starken Schärfe Platz macht, die ein leichtes Taubheitsgefühl auf der Zunge hinterlässt. Darin ähnelt er dem Szechuanpfeffer. Bis jetzt ist das wild wachsende Gewürz außerhalb Australiens noch nahezu unbekannt.

Mönchspfeffer
Vitex agnus-castus
Familie: Verbenaceae, Eisenkrautgewächse
Synonyme: Keuschbaum, Keuschlamm
Herkunft: Europa, Südwestasien

Bis zu sechs Meter streckt sich der Strauch oder Laubbaum mit den fünf- bis siebenzähligen, hanfähnlichen Blättern in die Höhe. Seine Blüten stehen im Hochsommer in dichten Ähren, und in den Kelchen reifen kleine pfeffrig-scharfe Steinfrüchte heran. Diese enthalten ätherische Öle, Bitterstoffe und sekundäre Pflanzenstoffe.
Die kleinen roten Beeren des Baumes, der feuchte Gebiete an Flussufern bevorzugt, wurden in der mittelalterlichen Küche als Ersatz für echten Pfeffer, der wie nahezu alle Gewürze einen überaus hohen Preis hatte, verwendet. Doch die Zubereitung diente auch noch einem ganz anderen Zweck: Als Anaphrodisiakum sollte er die Libido zügeln und wurde so zum Symbol eines enthaltsamen Mönchslebens.

Currykraut
Helichrysum italicum
Familie: Asteraceae/Compositae, Korbblütler
Synonyme: Italienische Strohblume oder Immortelle, Sonnengold, Silbernadel
Herkunft: Südeuropa

Der wärmeliebende Korbblütler benötigt trockene und wasserdurchlässige Erde, um seine nadelartigen, grau-silbrigen Blätter hervorzubringen, die besonders nach einem kräftigen Regenguss intensiv nach den bei uns verwendeten Currymischungen und einer Spur von Salbei duften. In Verbindung mit den senfgelben Blüten, die sich im Hochsommer öffnen, ist der Halbstrauch ein Blickfang in jedem Kräuterbeet. Wer die hübsche Pracht dennoch ernten will, sollte die Blätter vor der Blüte und die Sprossspitzen zu Beginn der Blütezeit abnehmen, denn im Laufe der Zeit nehmen sie an Bitterkeit zu.
Durch ihr Curryaroma ergänzt die südeuropäische Gewürzpflanze hervorragend Reis- und Gemüsegerichte, Fleischspeisen oder Suppen. Je nach Geschmack gibt man kurz vor Ende der Garzeit einige Blättchen oder ganze Zweige hinzu, die man vor dem Servieren wieder entfernt.

CURRYKRAUT

LAT. HELICHRYSUM ITALICUM

Gemeine Nachtkerze
Oenothera biennis
Familie: Onagraceae, Nachtkerzengewächse
Synonyme: Abendblume, Nachtstern, Schinkenkraut, Rübenwurzel, Rapontika
Herkunft: Nordamerika

Im 17. Jahrhundert vermutlich als Zierpflanze eingeführt, wächst die Nachtkerze heute auch wild und wird als Heilmittel oder für kosmetische Zwecke eingesetzt, denn ihre Samen liefern ein Öl, das reich an ungesättigten Fettsäuren ist.
Die Blüten dieser zweijährigen Pflanze sind ebenso essbar wie ihre jungen Blätter, die oft als spinatähnliches Gemüse serviert werden. Die spindelförmigen Wurzeln, die tief in die Erde reichen, entfalten hingegen gekocht einen Geschmack, der an Pastinaken und Schwarzwurzeln erinnert. Der Zubereitung sind kaum Grenzen gesetzt, denn die Wurzeln schmecken sowohl zu Fleisch als auch zu Fisch und geben cremigen Suppen eine besondere Note. Im Volksmund tragen die Rhizome den Beinamen „Schinkenwurzel", da sie eine rötliche Färbung aufweisen. Sie sollten möglichst im Herbst oder aber im Frühjahr vor dem Wachstum neuer Triebe geerntet werden. Sammler finden das Nachtkerzengewächs auf sandigen oder steinigen Böden. Es blüht den ganzen Sommer hindurch und bildet ständig neue hellgelbe, ährenartig angeordnete Blüten aus, die sich erst gegen Abend öffnen und einen intensiven süßlichen Duft verströmen. Auffällig ist, dass sich die unteren Knospen der Pflanze vor denen an der Spitze öffnen.

GEMEINE NACHTKERZE
LAT. OENOTHERA BIENNIS

Duftnachtkerze
Oenothera odorata
Familie: Onagraceae, Nachtkerzengewächse
Herkunft: Nordamerika

Diese Nachtkerzenart zeichnet sich durch einen intensiv süßlichen Duft aus, den ihre hellgelben Blüten verströmen, bevor sie sich rötlich verfärben und absterben. Ihre Kultivierung im heimischen Garten ist ab April an sonnigen Standorten möglich. Die Pflanze bevorzugt normale, lockere Böden und ist überaus pflegeleicht. Ihre Samen keimen je nach Wetterlage schon innerhalb der ersten beiden Wochen nach Aussaat, und ihre Blüten öffnen sich meist früher als diejenigen der gewöhnlichen Nachtkerze. Ähnlich wie diese blüht das Gewächs den gesamten Sommer hindurch, was sie zusätzlich zu ihrem betörenden Duft zu einer äußerst beliebten Beetpflanze macht.

Ysop
Hyssopus officinalis
Familie: Lamiaceae, Lippenblütengewächse
Herkunft: Südeuropa

Der Ysop ist ein bis zu 60 Zentimeter hoch wachsender Halbstrauch mit von brauner Borke bedeckten Ästen und aufrechten, immergrünen Sprossen. Er kommt in verschiedenen Varianten vor, die zum Teil auch als Zierpflanze hierzulande angebaut werden. Die meist violetten oder blauen Lippenblüten stehen in Scheinähren. Die Pflanze besitzt einen scharfaromatischen Geruch.
Der Ysop ist ein bereits seit sehr langer Zeit verwendetes Gewürz- und Heilmittel, das seine Heimat im Mittelmeerraum hat. Im Alten Testament wird es als reinigendes und desinfizierendes Mittel empfohlen. In der Lebensmittelindustrie wird das Ysopkraut zur Aromatisierung von Likören und Gewürzessenzen eingesetzt.
Durch Trocknung verliert Ysop einen Teil seiner Würzkraft, deshalb sollte man ihn lieber frisch verwenden, in Öl einlegen oder einfrieren. Geerntet werden die jungen Blätter und Triebspitzen, hauptsächlich vor der Blüte.

YSOP

LAT. HYSSOPUS OFFICINALIS

Ochsenzunge
Anchusa officinalis
Familie: Boraginaceae, Raublattgewächse, Borretschgewächse
Synonyme: Gemeine Ochsenzunge, Liebäugel, Blutwurz
Herkunft: Europa

Diese Staude kommt in den gemäßigten Zonen Europas auf Brachland oder an Wegrändern im Wildwuchs vor. Spaziergänger erkennen sie an ihren dicht mit steifen Härchen besetzten Stängeln und Blättern sowie an ihren trichterförmigen hübschen blau-violetten Blüten. Als Gartenpflanze benötigt die zweijährige, manchmal auch mehrere Jahre ausdauernde Pflanze im Herbst einen starken Rückschnitt und im Winter Schutz vor Frost.
Mit anderen Borretschgewächsen hat die Ochsenzunge gemeinsam, dass eine krebserregende Wirkung aufgrund der Stoffgruppe „Pyrrolizidinalkaloide" nicht ausgeschlossen werden kann. Nicht zu häufig und in einer geringen Dosis ist aber auch die Ochsenzunge kulinarisch einsetzbar.

Gelbbunter Beifuss
Artemisia vulgaris „Oriental limelight"
Familie: Asteraceae/Compositae, Korbblütler
Synonyme: Wilder Wermut, Gänsekraut, Weiberkraut, Besenkraut
Herkunft: Asien, Europa und Nordamerika

Das Besondere an dieser Beifusssorte sind ihre schmückenden, gelb-grün gemusterten Blätter, die das anspruchslose, mäßig frostharte Gewächs zu einer beliebten Beetpflanze machen. Beifuss benötigt einen durchlässigen, sandigen oder mit Kies durchsetzten Boden und einen sonnigen Standort. Der wildwachsende Beifuss gedeiht daher oft an Wegrändern und auf Geröllplätzen. Als Gewürz, überwiegend zu fetten Speisen, sind beide Sorten gebräuchlich. Sie enthalten viele Bitterstoffe, sind aber geschmacklich milder als Wermut und unterstützen ebenfalls die Verdaulichkeit gehaltvoller Fleischgerichte, Käsezubereitungen oder Eintöpfe mit Hülsenfrüchten. Auch die traditionelle „Weihnachtsgans" birgt in ihrem Inneren oft einige getrocknete Beifußzweige oder eine sorgfältig abgeschmeckte Füllung mit der Würze aus gerebelten Beifußblättern. Da bei erhöhter Aufnahme eine toxische Wirkung nicht ausgeschlossen werden kann, ist es ratsam, das Gewürz mit Bedacht zu verwenden.

Liebstöckel
Levisticum officinale
Familie: Apiaceae/Umbelliferaceae, Doldenblütler
Synonyme: Liebstängel, Maggikraut, Leberkraut, Suppenlob, Sauerkrautwurz
Herkunft: Südeuropa und Südwestasien

Die winterharte und ausdauernde Pflanze kann eine imposante Höhe von bis zu zwei Metern erreichen, so dass schon eine einzelne Pflanze genug Erträge für den Eigenbedarf bringt. Liebstöckel stammt zwar ursprünglich aus wärmeren Klimazonen, aber auch in heimischen Gärten gedeiht er prächtig. Der rundliche und kahle Stängel verzweigt sich im oberen Bereich zunehmend und trägt gezackte Blätter, die in ihrem Aussehen denjenigen des Ahornbaumes ähneln und schon ab April zur Ernte bereit stehen. Die Blätter finden sowohl frisch als auch getrocknet Verwendung in der Küche, und ihr scharfer Geschmack mit leicht bitterer Note erinnert ein wenig an Sellerie. Das auch als „Maggikraut" bezeichnete Würzmittel kann direkt zu Fleisch und Fisch gegeben werden oder aber in Dressings, Dips und Soßen verarbeitet werden. Liebstöckel lässt sich gut mitkochen, weshalb es auch gerne zu Suppen und Eintöpfen gegeben wird. Es verfeinert aber durchaus auch Salate und schmeckt besonders zu Tomaten. Aufgrund seines starken Aromas ist jedoch eine eher sparsame Verwendung ratsam.

GLATTE PETER-SILIE

LAT. PETROSELINUM CRISPUM SSP. NEAPOLITANUM

KRAUSE PETERSILIE

LAT. PETROSELINUM SSP. CRISPUM

Petersilie
Petroselinum crispum
Familie: Apiaceae/Umbelliferaceae, Doldenblütler
Synonyme: Schnittpetersilie, Peterle, Peterling, Silk, Bockskraut
Herkunft: vermutlich Südeuropa

Die Herkunft der Petersilie ist nicht mit letzter Gewissheit bestimmbar, aber sicher ist, dass sie heute in vielen Teilen der Erde gedeiht und zu einem der wichtigsten Küchenkräuter geworden ist. Dabei gibt es drei besonders beliebte Sorten: Neben der Krausen Petersilie (Petroselinum crispum ssp. crispum) existiert eine Variante mit flachen, schneller verwelkenden Blättern, die weitaus stärker im Geschmack ist und als Glatte Petersilie oder Italienische Petersilie (Petroselinum crispum ssp. neapolitanum) bezeichnet wird. Die Wurzelpetersilie (Petroselinum crispum ssp. tuberosum), auch Knollenpetersilie genannt, besitzt eine besonders große, rübenartige Wurzel, die als aromatisches Wintergemüse – vergleichbar mit Sellerie – vor allen Dingen zu kräftigen Suppen und Eintöpfen passt.
Während man den unterirdischen Teil der Pflanze im Spätherbst erntet, liegt die Sammelzeit der grün glänzenden Blätter zwischen April und Oktober. Sie werden frisch gehackt oder fein geschnitten verwendet und nicht erhitzt, damit der hohe Gehalt an den Vitaminen A, C und E sowie das leicht herbe Aroma der ätherischen Öle erhalten bleibt. Eine Ausnahme bildet die Beigabe der Kräuterpflanze zum Würzstrauß „Bouquet garni", ein Bündel aus verschiedenen Kräutern, das mitgekocht wird und so die Aromen auf das jeweilige Gericht überträgt. Petersiliengrün gilt darüber hinaus als eine Art Universalgewürz und bereichert kalte Vorspeisenplatten ebenso wie delikate Hauptgerichte. Aus hochwertigem Öl, Pinienkernen und glatter Petersilie lässt sich zudem eine interessante Pestovariante herstellen.

Schnittlauch
Allium schoenoprasum
Familie: Alliaceae, Lauchgewächse
Synonyme: Graslauch, Binsenlauch, Schnittling
Herkunft: vermutlich Asien und Europa

Das vielseitige Küchenkraut gilt als vitaminreiche Zutat in grünen Blattsalaten, Omeletts und Rührei, Suppen, Gemüse- und Fischspeisen sowie in würzigen Joghurtdips oder Kräuterbutter. Dabei verwendet man die röhrenförmigen Laubblätter, die ein zartes Zwiebel- und Laucharoma aufweisen, also – im Gegensatz zu Knoblauch und Zwiebeln – die oberirdischen Teile der Pflanze. Da sich die kleine eiförmige Zwiebel, aus denen die grünen Blätter austreiben, unterirdisch vermehrt, wächst der mehrjährige, winterharte Schnittlauch meist in größeren Horsten und kann den ganzen Sommer über abgeerntet werden. Ab Mai bilden sich an manchen dickeren und härteren Trieben endständige Scheindolden mit zahlreichen kleinen Blüten heraus. Da diese der Pflanze Kraft rauben, enfernt man sie, um größere Ernteerträge zu erzielen, oder setzt sie einfach ebenfalls als äußerst hübsches Würzmittel ein.

SCHNITTLAUCH

LAT. ALLIUM SCHOENOPRASUM

Chinesischer Schnittlauch
Allium odorum/ramosum
Familie: Alliaceae, Lauchgewächse
Synonyme: Duftlauch, großer Schnittknoblauch
Herkunft: Asien

Der Chinesische Schnittlauch ist eine Gewächsart aus der Gattung Lauch und kommt geschmacklich eher dem Knoblauch als dem Schnittlauch nahe. Auch äußerlich unterscheidet er sich von dem bekannteren Küchenkraut, denn er besitzt keine hohlen Triebe, sondern breite, eher flache Blätter. Dadurch, dass man ihn roh, gekocht oder gedünstet verzehren kann, bieten sich kulinarisch natürlich zahlreiche Verwendungsmöglichkeiten. Duftlauch bereichert Salate, Gemüse- und Pilzgerichte oder Eierspeisen gleichermaßen und lässt sich als Knoblauch- oder Zwiebelersatz gebrauchen. Große Ähnlichkeiten, sowohl äußerlich als auch geschmacklich, hat der Duftlauch mit dem Schnittknoblauch (Allium tuberosum), allerdings ist dieser meist kleiner und liefert geringere Ernteerträge.

Knoblauchblüte
Allium sativum
Familie: Alliaceae, Lauchgewächse
Herkunft: Zentralasien

Das Lauchgewächs entwickelt an einem runden Stängel, der aus der Hauptzehe der Pflanze austreibt, einige flache, bläulich-grüne Blätter sowie einen scheindoldigen Blütenstand mit weißen oder zart lilafarbenen Blüten. In diesem Blütenstand entwickeln sich kleine Brutzwiebeln, die sich ebenso wie die Nebenzehen, die sich unter der Erde bilden, für die nächste Aussaat verwenden lassen. Da die Blüten das Wachstum der Knoblauchknollen verhindern, bricht man sie meist rechtzeitig ab, obwohl sie ebenso wie die mild schmeckenden Blätter auch als aromagebendes Würzmittel oder hübsche Verzierung verwendet werden können.

Society Garlic – Wilder Knoblauch
Tulbaghia violacea
Familie: Alliaceae
Synonym: Kaplilie
Herkunft: Südafrika

Der wilde Knoblauch ist eine Pflanze mit einer auffallend schönen Blüte, die intensiv roséfarben leuchtet. Fast den ganzen Sommer thront die Blüte auf einem zirka 50 Zentimeter hohen Stängel. Doch nicht nur optisch, auch geschmacklich macht das Würzkraut von sich reden: Sowohl das intensive Blattaroma als auch die vielseitige Verwendbarkeit der einzelnen Pflanzenteile machen es zur Verwendung in der Küche äußerst interessant. Die grasartigen blaugrünen Halme riechen, ebenso wie die Wurzeln, intensiv nach Knoblauch und Zwiebel. Die aromatischen Blätter des wilden Knoblauchs lassen sich klein geschnitten verwenden wie Schnittlauch, allerdings bleibt die unangenehme Knoblauchfahne aus. Man sagt der Pflanze auch nach, dass sie mit diesen olfaktorischen Eigenschaften unliebsame Mücken und Fliegen oder gar Schädlinge in die Flucht schlägt. Deshalb ist das Würzkraut auch als Gartenpflanze sehr beliebt.

SOCIETY GARLIC

LAT. TULBAGHIA VIOLACEA

RADIESCHENSCHOTE/ -BLÜTE

LAT. RAPHANUS SATIVUS

Radieschenschote/-blüte
Raphanus sativus
Familie: Brassicaceae, Kreuzblütengewächse
Herkunft: unbekannt

Radieschen sind rundliche bis ovale, äußerlich rote oder seltener auch weiße Wurzelknollen mit hellem Fleisch und einem Durchmesser von etwa 2–3 Zentimetern. Die Blätter des Kreuzblütengewächses haben eine dunkelgrüne Farbe, tragen kleine Härchen und sind leicht gezackt. Je nach Sorte ist bereits ab März eine Aussaat möglich und nur wenige Wochen später sind die gesunden Knollen erntereif. Ihre Schärfe beruht auf schwefel- und stickstoffhaltigen Senfölglykosiden und lässt sich beim Verzehr durch die Zugabe von Salz etwas abmildern. Radieschen eignen sich hervorragend als Rohkost, zur Zubereitung von Salaten oder als Belag auf Brot. Möchte man nur die Knolle kulinarisch verwerten, sollte die Ernte möglichst rasch erfolgen, da sonst die Gefahr der Verholzung zunimmt. Gärtner, die diese Phase jedoch abwarten, bekommen nach einiger Zeit nicht nur zarte rosa Blüten, sondern auch feine Samenkapseln zu Gesicht, die jungen Bohnen ähnlich sehen. Diese Schoten liefern roh eine abwechslungsreiche Knabberei und leicht angeschwitzt eine saftige Beilage. Darüber hinaus lassen sich die jungen Blätter wie Spinat zubereiten oder können ebenfalls zu frischen Sommersalaten gegeben werden. Die Radieschenblüten können als Dekoration verwendet werden.

Porreeblüte
Allium porrum
Familie: Amaryllidaceae, Amaryllisgewächse
Synonym: Lauch
Herkunft: Mittelmeerraum

Porree ist eine zweijährige Pflanze, die im ersten Jahr eine Laubblattrosette bildet. Diese wird üblicherweise im Herbst als Lauch geerntet. Lässt man die Pflanzen jedoch über das erste Jahr hinaus stehen, bilden sie im zweiten Jahr attraktive kugelförmige Blüten aus, ausgelöst durch die winterliche Kälte. Porree hat einen intensiven zwiebelartigen Geruch, für den zahlreiche sekundäre Pflanzenstoffe verantwortlich sind. Sein Aroma überträgt sich bei der Lagerung leicht auf umliegendes Gemüse, man sollte ihn unbedingt vorsichtig lagern. Sein intensives Aroma macht ihn als Gemüse sehr beliebt, seine Zubereitungsarten sind vielseitig: Als Rohkost im Salat ist er ebenso wie gekocht, gegart oder gedämpft ein Genuss. Das mineralstoff- und vitaminhaltige Gemüse ist das ganze Jahr über erhältlich.

Bärlauch
Allium ursinum
Familie: Alliaceae, Lauchgewächse
Synonyme: Bärenlauch, Waldknoblauch, wilder Knoblauch
Herkunft: Europa

Die ausdauernde Pflanze aus der Gattung Allium ist sowohl mit Zwiebel und Knoblauch als auch mit Schnittlauch verwandt und kommt häufig im Wildwuchs vor. Sie gedeiht auf feuchten, nährstoffreichen Böden und bevorzugt schattige Plätze, beispielsweise in Laubwäldern. Das Gewächs wird bis zu 50 Zentimeter hoch, hat einen aufrechten Stängel und trägt langstielige, ovale Blätter, die an beiden Enden spitz zulaufen. Der Blütenstand besteht aus bis zu zwanzig hübschen Blüten, die wie kleine weiße Sterne aussehen. Durch einen Dufttest lässt sich bei der Suche nach frischem Bärlauch im Wald am besten feststellen, ob man die richtige Pflanze gefunden hat. Zerreibt man die Blätter zwischen den Fingern, entsteht ein intensiver Geruch nach Knoblauch. Ähnlich wie diese beliebten Knollen enthält auch das ätherische Öl der Bärlauchblätter eine große Menge an unterschiedlichen Schwefelverbindungen. Die grüne Pracht dient als Gemüse oder Würzmittel, schmeckt zu Quark- und Eierspeisen, gibt Kräuterbutter und Pesto ein tolles Aroma oder Suppen eine frühlingshafte Note. Die Haupterntezeit des Lauchgewächses liegt im April und Mai.

BÄRLAUCH
LAT. ALLIUM URSINUM

PIMPINELLE

LAT. SANGUISORBA MINOR

Pimpinelle
Sanguisorba minor
Familie: Rosaceae, Rosengewächse
Synonyme: Kleiner Wiesenknopf,
Blutkraut, Blutstillerin
Herkunft: Europa

Auf Wiesen, an Wegrändern und auf trockenem Rasen wächst die Pimpinelle häufig wild, aber auch im Garten lässt sie sich auf leichten, kalkhaltigen Böden in sonniger oder halbschattiger Lage kultivieren. Der mehrjährige Busch mit seinen gezahnten, blaugrünen Blättern hat grünlich gelbe bis purpurne Blütenköpfe und wird oft mit den namentlich ähnlich klingenden Bibernellen verwechselt, die jedoch zu der Familie der Doldenblütler gehören.
Die überwiegend in der Heilkunde eingesetzten Wurzeln der mehrjährigen Pflanze tragen ein nussiges Aroma, wohingegen der frische, manchmal leicht bittere Geschmack der Blätter entfernt an Gurken erinnert. Feinschmecker pflücken das Kraut am besten vor der Blüte und verwenden es frisch gehackt in der Küche. Von einer Erhitzung ist abzuraten, da die Blätter sonst ihre Würzkraft einbüßen. Sie passen zu Gemüsesuppen, Eierspeisen, Quarkzubereitungen sowie Fischmarinaden und sind ein Bestandteil der beliebten grünen Frankfurter Kräutersoße. Die höchste aromatische Ausprägung erreicht das Gewürzkraut in Kombination mit Essig und Zitronensaft, beispielsweise als delikates Salatdressing. Nur in Essig eingelegt ist es zudem auch für einige Zeit haltbar.
Die Aussaat des Rosengewächses im Garten erfolgt zwischen April und Juli, und schon nach zwei bis vier Wochen sind die ersten Pflänzchen sichtbar, deren Blätter man unentwegt bis in den Herbst hinein ernten kann.

Eberraute
Artemisia abrotanum
Familie: Asteraceae/Compositae, Korbblütler
Synonyme: Zitronenkraut, Eberreis, Colakraut
Herkunft: Südeuropa

Die buschig wachsende Eberraute trägt kleine, feingliedrige und grau-grüne Blätter, die je nach Sorte intensiv nach Zitrone oder Cola duften. Im Geschmack sind sie sehr intensiv und herb. Die in dem Gewächs enthaltenen ätherischen Öle, Gerb- und Bitterstoffe wirken appetitanregend und verdauungsfördernd. Daher wurden die jungen Blätter und Triebspitzen schon im Mittelalter zur Würze von fetten Speisen, besonders deftigen Fleischgerichten, verwendet. Heute hat jedoch der Beifuss die Verwendung der Eberraute fast völlig ersetzt. Beide Kräuter enthalten das Toxin Thujon und sollten daher nicht übermäßig verzehrt werden. In geringen Dosen besteht jedoch keine Vergiftungsgefahr.

Weinraute
Ruta graveolens
Familie: Rutaceae, Rautengewächse
Synonym: Gertrudenkraut
Herkunft: Mittelmeerraum

Die Weinraute ist bereits seit dem Mittelalter bekannt und galt schon damals als beliebtes Heil- und Würzmittel. Allerdings ist sie mit Vorsicht zu genießen, da ihr ätherisches Öl in zu hoher Dosierung giftig ist. Die mehrjährige Pflanze hat rundliche, schmale Blätter, die zum Ende hin breiter auslaufen. Ihre zarten gelben Blüten bringt sie im Sommer zum Vorschein. Ihr ungewöhnliches Aroma macht sie – vorsichtig dosiert – als Würzkraut für Fleisch- und Bohnengerichte beliebt. Außerdem ist sie eines der Gewürze, die dem italienischen Grappa seinen unverwechselbaren Geschmack geben. Das Rautenöl wird als Gewürz, aber auch als Parfümaroma verwendet.

WEINRAUTE
LAT. RUTA GRAVEOLENS

Sternjasmin
Trachelospermum jasminoides
Familie: Apocynaceae,
Hundsgiftgewächse
Herkunft: Asien

Ab Mai erscheinen an den Blattachseln der immergrünen Kletterpflanze büschelweise kleine, radförmige weiße oder gelbliche Blüten, die einen Duft verströmen, der dem Echten Jasmin (Jasminum officinale) zwar ähnelt, aber etwas zarter ist. In wintermilden Gebieten ist Sternjasmin ganzjährig als Gartenpflanze und somit als dekorativer Sichtschutz kultivierbar, allerdings benötigt er eine sonnige Lage und nährstoffreichen Boden. Mit einer Kletterhilfe winden sich die biegsamen grünen oder rötlichen Äste, an denen unzählige glänzende und lederartige Blätter austreiben, mehrere Meter in die Höhe.
Ebenso wie Oleander und Immergrün gehört auch der äußerst bittere Sternjasmin zur Familie der Hundsgiftgewächse und kann bei übermäßigem Verzehr toxisch wirken, weshalb vom Verzehr größerer Mengen abzuraten ist.

Wilde Rauke
Diplotaxis tenuifolia
Familie: Brassicaceae, Kreuzblütengewächse
Synonyme: Rauke, Würzrauke, Feinblättriger Rucola, Schmalblättriger Doppelsame
Herkunft: Mittelmeerraum

Als Rauke werden umgangssprachlich Pflanzenarten aus unterschiedlichen Gattungen bezeichnet, die jedoch alle der Familie der Kreuzblütengewächse angehören. Daher ist Rauke auch ein geläufiger Name sowohl für den Großblättrigen Rucola (Eruca sativa) als auch für den Feinblättrigen Rucola (Diplotaxis tenuifolia). Doch bei diesen beiden Pflanzen handelt es sich trotz der gleichen Bezeichnung als Rauke oder Rucola wiederum um zwei botanisch unterschiedliche Pflanzenarten. Der einjährige Großblättrige Rucola, der auch Garten-Senfrauke genannt wird, ist etwas milder als der mehrjährige Kleinblättrige Rucola, der sich durch einen höheren Gehalt an Senföl auszeichnet. Beide Pflanzen sind relativ anspruchslos und einfach zu kultivieren. Sie bevorzugen eine sonnige bis halbschattige Lage und sandig-lehmige Böden. Nach Aussaat der Samen reifen schon nach kurzer Zeit fiederteilige Blätter heran, die zur Ernte bereitstehen. Schneidet man die Blätter nicht zu tief ab, ist einige Zeit später eine zweite Ernteperiode möglich. Die jungen Blätter mit ihrem charakteristischen scharf-würzigen Geschmack und dem leichten Nussaroma verzehrt man am besten roh oder nur sehr kurz gegart. Grüne Blattsalate oder Tomatengerichte bereichert Rucola durch seine intensive Würze ebenso wie leichte Frühlingssuppen. Frisch über Pizza gestreut bietet er eine gesunde Abwechslung, und als Pesto ist er eine köstliche Variation.

Löwenzahn
Taraxacum officinale
Familie: Asteraceae, Korbblütler
Synonym: Pusteblume
Herkunft: Westliches Asien und Europa

Der Löwenzahn wächst nahezu überall und treibt im Frühjahr seine gezackten rosettenförmig angeordneten Blätter aus dem Boden. Unter der Erde verbirgt sich eine sehr lange, dunkel gefärbte Pfahlwurzel. Aus dem Zentrum der Blattrosette entspringt ein oder mehrere hohle Blütenstängel, die am oberen Ende eine intensiv gelb gefärbte Korbblüte tragen. Alle Pflanzenteile enthalten eine milchig-weiße Flüssigkeit. Nach kurzer Zeit entwickelt sich die gelbe Blüte zur bekannten Pusteblume, die aus zahlreichen Flugschirmchen besteht. Am Ende der Flugschirmchen, die sich durch den Wind in alle Himmelsrichtungen verteilen, befindet sich jeweils ein Samenkorn. Aus den Blüten des Löwenzahns wird Sirup und Gelee gewonnen, aus den jungen, noch nicht bitteren Blättern des Löwenzahns wird ein feiner Salat zubereitet.

ZUCCHINIBLÜTE

LAT. CUCURBITA PEPO SSP. GIROMONTIINA

Zucchiniblüte
Cucurbita pepo ssp. giromontiina
Familie: Cucurbitaceae, Kürbisgewächse
Herkunft: Mittel- und Nordamerika

Die Zucchini gehört zu einer Unterart der Gartenkürbisse (Cucurbita pepo) und gleicht diesen in ihrem Aussehen stark. Die einjährigen krautigen Pflanzen entwickeln an langen Stielen große herzförmige Laubblätter; allerdings neigt die Zucchinipflanze weniger zur Rankenbildung als der Gartenkürbis. Zucchinifrüchte sind rund oder länglich und kommen in unterschiedlichen Farbausprägungen vor, am häufigsten sind jedoch grüne oder gelbe Varianten. Die vielsamigen Beerenfrüchte der Gartenkürbisse leuchten oft in einem kräftigen Orange. Von blassgelb bis zu grüngesprenkelt bringen ihre Schalen je nach Art aber auch zahlreiche andere Färbungen hervor.
Da Gartenkürbisse einhäusig sind, entfalten sie im Frühsommer sowohl männliche als auch weibliche Blüten, die wie ihre Früchte essbar sind und ein fruchtig-frisches Aroma aufweisen. Während die männlichen Blüten an dünnen Stängeln heranwachsen, liegen die weiblichen Blüten direkt am Fruchtansatz, der mitgeerntet werden kann. Wenn man allerdings auch große, reife Früchte züchten möchte, sollte man nur die männlichen Blüten pflücken.
Eine frische Verarbeitung von Kürbisblüten oder Zucchiniblüten ist besonders wichtig, da die überwiegend in einem satten Gelb leuchtende Pracht schnell verwelkt. Zur Zubereitung wäscht man die Blüten vorsichtig ab und bricht die Stempel heraus. Der große Kelch der Pflanzen eignet sich hervorragend für Füllungen mit allerlei Gemüse, Reis, Fleisch- oder Fischfarce. Auch frittiert oder in Teig ausgebacken sind die Blüten eine Delikatesse.

ROTER MEIER

LAT. AMARANTHUS LIVIDUS

Roter Meier
Amaranthus lividus
Familie: Amaranthaceae, Fuchsschwanzgewächse
Synonym: Blutkraut, Gemüseamaranth
Herkunft: Mittelmeerraum

Beim Roten Meier handelt es sich um eine relativ anspruchslose einjährige Gemüsestaude, die bis zu einem Meter hoch wächst und bereits seit Jahrtausenden bekannt ist. Bis vor einhundert Jahren war der Gemüseamaranth auch in Europa weit verbreitet und sehr beliebt, wurde jedoch vom Spinat verdrängt. Die Blätter des nährstoffreichen Gemüseamaranth, der lebenswichtige Aminosäuren enthält, können rund ums Jahr geerntet und wie Spinat als Gemüse zubereitet werden. Besonders die blutroten Blätter des Roten Meier sind eine dekorative Zutat für Salate.
Aufgrund der dekorativen fuchsschwanzähnlichen Blüten einiger Arten ist der Amaranth eine beliebte Zierpflanze. Insgesamt gibt es nahezu 100 verschiedene Arten, von denen einige Samen tragen, der als Getreide verarbeitet wird.

Malabarspinat
Basella alba
Familie: Basellaceae, Basellgewächse
Synonym: Indischer Spinat
Herkunft: Indien

Der Malabarspinat ist eine krautige Pflanze, die ursprünglich aus Indien stammt. Die fleischigen grünen Blätter mit den glatten Blattkanten haben eine ovale Form und eine dunkelgrüne Färbung. In der Küche werden nur die Blätter und die jungen Triebe der Pflanze verarbeitet. Sie haben einen leicht säuerlichen Geschmack und werden wie Spinat oder Portulak zubereitet. Da die Pflanze leicht sukkulent ist, enthalten die Blätter im Inneren eine schleimige Substanz, die für Europäer eher gewöhnungsbedürftig ist. Malabarspinat ist sehr nährstoffreich, die Blätter enthalten Kohlenhydrate, Eiweiß sowie Vitamin C und weitere wichtige Mineralstoffe.

MALABARSPINAT

LAT. BASELLA ALBA

RÖMISCHE KAMILLE

LAT. CHAMAEMELUM NOBILE

Römische Kamille
Chamaemelum nobile
Familie: Asteraceae/Compositae, Korbblütler
Synonyme: Dicke Kamille, Dickköpfe
Herkunft: Europa

Echte Kamille (Matricaria recutita/chamomilla) und Römische Kamille werden in der Heilkunde synonym verwendet, da ihre Inhaltsstoffe sich ähneln. Während in Deutschland die Echte Kamille vorherrscht, ist die Römische Kamille in England und Frankreich stärker vertreten.
Man unterscheidet zwei bekannte Kulturformen der Römischen Kamille: Die Römische Rasenkamille mit einer Vielzahl sich überlappender weißer Blüten und die Englische Rasenkamille, die keine Blüten ausbildet. Manchmal werden die Varianten auch als „gefüllt" oder „nicht gefüllt" beschrieben. Den Namen „Rasenkamille" tragen sie, da sie oft auf weitläufigen Flächen als wohlriechender Untergrund angepflanzt werden.

Echte Kamille
Matricaria recutita/chamomilla
Familie: Asteraceae/Compositae, Korbblütler
Synonyme: Apfelkraut, Mutterkraut, Mägdeblume, Kummerblume, Kuhmelle
Herkunft: Europa

Eine einzelne Pflanze dieses Korbblütlers, der 1987 zur Arzneipflanze des Jahres gekürt wurde, kann an den Enden ihrer stark verzweigten Stängel bis zu 100 Blütenköpfe ausbilden. Zwischen Mai und September schließen sich weiße Zungenblüten um eine kugelige bis ovale und goldgelbe Mitte aus Röhrenblüten. Die einjährige Kamille mit ihren grüngelb gefiederten Blättern wächst auf Ödland und an Wegrändern auf nährstoffreichen oder aber auch kargen Lehm- und Tonböden. Für Landwirte wird sie wildwachsend in Getreidefeldern einerseits oft zur Plage, andererseits wird sie als Heilpflanze kultiviert, denn sie enthält neben ätherischen Ölen auch wichtige Flavonoide und Schleimstoffe. Diese Ingredienzien wirken entzündungshemmend, krampflösend und beruhigend und liegen zu Beginn der Blütezeit in der höchsten Konzentration vor.
Die hübschen Blütenköpfe eignen sich ebenso als Salatbeigabe wie das grüne Laub, dessen Geschmack Komponenten von Vanille beinhaltet. Auch Kamillenöl oder -likör findet in der Küche Verwendung.

Bergbohnenkraut
Satureja montana
Familie: Lamiaceae, Lippenblütler
Synonym: Winterbohnenkraut
Herkunft: Südeuropa

Das Bergbohnenkraut ist ein mehrjähriges, immergrünes Gewächs, das im Sommer kleine zart lavendelfarbene Blüten ausbildet. Die relativ anspruchslose Pflanze gedeiht am besten in leichten, kalkhaltigen Böden und mit viel Sonne. Im Vergleich zu seinem einjährigen Verwandten, dem Bohnenkraut, hat das Bergbohnenkraut ein intensiveres und strengeres Aroma, das an frische Bohnen erinnert, allerdings auch eine gewisse Schärfe aufweist. Die Zweige des Krauts werden in Marinaden oder Soßen im Ganzen mitgekocht, zarte Blätter werden ganz oder gehackt zu Speisen gegeben. Salaten, Bohnen- oder Schmorgerichten verleiht es ein besonderes Extra an Geschmack.

Zitroneverbene
Lippia citriodora oder Aloysia triphylla
Familie: Verbenaceae, Eisenkrautgewächse
Synonyme: Zitronenstrauch, Verveine, duftendes Eisenkraut
Herkunft: Südamerika

Zu Unrecht ist dieser mehrjährige Strauch fast in Vergessenheit geraten, denn seine länglichen Blätter enthalten feine ätherische Öle mit einem ausgeprägten und überaus reinem Zitrusduft. Schon bei einem leichten Zerreiben der lanzettartigen Blätter entfaltet sich der frische Geruch. Die meist dreiblättrig am dünnen Ast angeordneten Blätter sind von hellgrüner oder gelblicher Farbe und selten über sechs Zentimeter lang. Eine Überwinterung der Pflanze ist zwar möglich, allerdings erträgt sie Temperaturen unter dem Gefrierpunkt auf Dauer nicht und sollte daher vor Frost geschützt stehen. Gut behütet bildet der Strauch aber jährlich ab Mai neue Triebe. Da Zitronenverbene auch getrocknet noch über ein intensives Aroma verfügt, lässt es sich nach der Ernte sehr gut über längere Zeit konservieren.
Bis heute wird das pflegeleichte und robuste Eisenkrautgewächs in der Parfumindustrie zur Gewinnung von Duftstoffen eingesetzt, aber auch seine Verwendung in Tees und Erfrischungsgetränken schätzen Liebhaber sehr. In Gerichten mit Fisch, Meeresfrüchten, Geflügel oder Schweinefleisch entfaltet das Kraut ebenfalls seine Würzkraft und nimmt in Zukunft hoffentlich an Bekanntheit zu.

Schokoladenminze
Mentha x piperita
„Chocolate mint"
Familie: Lamiaceae/Labiatae, Lippenblütler
Herkunft: Kreuzung

Die Blätter dieser Minze eignen sich hervorragend zum Garnieren, denn sie haben eine schöne Form, besitzen ein intensives Dunkelgrün und auf der Blattunterseite eine leicht rötliche Einfärbung. Auf dem Gaumen erinnert die Sorte durch ihre leicht süßliche Komponente im ersten Augenblick an Minzschokolade, bevor sich das charakteristische Mentholaroma entfaltet. Die Sorte „Chocolate mint" eignet sich daher hervorragend für Teezubereitungen, Sirup und ausgefallene Süßspeisen.

Minzverbene
Lippia scaberrima
Familie: Verbenaceae, Eisenkrautgewächse
Synonym: Eukalyptus-Verbene
Herkunft: Südamerika

Die Minzverbene gleicht im Aussehen stark der Zitronenverbene und auch ihre Pflege ist ähnlich, allerdings ist sie etwas frostempfindlicher. Regelmäßig gestutzt wächst der Strauch schön kompakt und bildet im Hochsommer zahlreiche kleine weiße und überaus süß duftende Einzelblüten aus. Seine Blätter bieten einen intensiven Geschmack nach Minze und Eukalyptus und sind daher eine ideale Beigabe in erfrischenden Kräutertees.

Koreaminze
Agastache rugosa
Familie: Lamiaceae/Labiatae, Lippenblütler
Synonyme: Koreanische Minze, Anisminze, Bergminze, Duftnessel
Herkunft: Asien

Die dekorativen Blütenähren der Koreaminze, die durch ihre stattliche Größe und ihren buschigen Wuchs auffällt, verströmen ab Juni einen intensiven Duft von Minze und Anis. Eine Kultivierung der winterharten, wild wachsenden Pflanze ist problemlos möglich. Als Würzkraut eignet sie sich für süße Speisen ebenso wie für pikante Gerichte.

KOREAMINZE
LAT. AGASTACHE RUGOSA

Pfefferminze
Mentha x piperita
Familie: Lamiaceae/Labiatae, Lippenblütler
Synonyme: Teeminze, Mutterkraut
Herkunft: Kreuzung aus Grüner Minze und Wasserminze

Diese Kreuzung wurde erstmals 1696 auf einem Minzefeld in England entdeckt und gilt heute als beliebte Heil- und Gewürzpflanze, die sich durch einen sehr hohen Gehalt an Menthol und daraus resultierend durch einen pfeffrig-scharfen Geschmack auszeichnet. Die ätherischen Öle, deren Konzentration bei älteren Minzeblättern höher ist als bei jüngeren Blättern, wirken kühlend und belebend zugleich. Die besten Ernteerträge werden ab Juni kurz vor der Blüte der mehrjährigen, krautigen Pflanze erzielt. Die ovalen, am Ende spitz zulaufenden und gesägten grünen Blätter können jedoch im Herbst durchaus auch ein zweites Mal eingesammelt werden.
Die Pfefferminze ist nicht nur als wärmender Tee oder durstlöschendes Sommergetränk verwendbar, sondern verfeinert auch Gewürzessige, Kräutermarinaden, orientalische Gerichte mit Hackfleisch oder Tomatensaucen und Joghurtzubereitungen aller Art. Da diese Variante der Minze allerdings sehr kräftig schmeckt, sollte sie eher sparsam verwendet werden.

PFEFFERMINZE

LAT. MENTHA X PIPERITA

ANANASMINZE

LAT. MENTHA SUAVEOLENS „VARIEGATA“

ECHTE KATZENMINZE

LAT. NEPETA CATARIA

SPEARMINT

LAT. MENTHA SPICATA

Ananasminze
Mentha suaveolens „Variegata"
Familie: Lamiaceae/Labiatae,
Lippenblütler
Herkunft: Mittelmeerraum

Die weiß-grün panachierten Blätter und der kompakte Wuchs machen diese Sorte neben ihrem fruchtig-frischen Geruch zu einer beliebten Pflanze im heimischen Garten oder auf dem Balkon. Geschmacklich lässt sich das tropische Obst, nach dem die Minze benannt ist, zwar nicht eindeutig herausfiltern, aber das süßliche und nur leicht mentholhaltige Aroma gibt Desserts in jedem Fall eine fruchtig-frische Note.

Echte Katzenminze
Nepeta cataria
Familie: Lamiaceae/Labiatae, Lippenblütler
Synonym: Katzenkraut
Herkunft: Südeuropa, Westasien

Die brennnesselartigen Blätter dieser Duftpflanze sondern einen kräftigen Geruch nach Minze und Zitrone ab, dem viele Katzen nicht widerstehen können. Ihre große Anziehungskraft auf die kleinen Mäusejäger gab der mehrjährigen Pflanze ihren Namen und ist bis heute noch nicht vollständig erforscht. Innerlich angewendet wirkt das Gewächs in hoher Konzentration auch beim Menschen entweder stimulierend oder aber entspannend. In kleinen Mengen ist es aber durchaus als Teegewürz oder in verschiedenen Speisen ein verträglicher Genuss.

Spearmint
Mentha spicata
Familie: Lippenblütengewächse,
Lamiaceae
Synonym: Grüne Minze, Speerminze
Herkunft: Frankreich, Norditalien und Dalmatien

Die Grüne Minze ist eine flache Staude, die sowohl ober- als auch unterirdische Wurzelausläufer ausbildet. Die Pflanzenstängel sind viereckig, behaart und von aufrechtem Wuchs. Die Minze wächst bis zu einem halben Meter hoch, an ihren Zweigen bildet sie schmale grüne, an den Rändern scharf gezackte Blätter aus. Im Sommer blüht die Grüne Minze mit zarten rosaroten bis violetten Blüten. Ihr frisches Aroma macht sie zu einer der beliebtesten Minzarten überhaupt, ihr Aroma dient als Grundlage für zahlreiche industriell gefertigte Produkte.

Goldmelisse
Monarda didyma
Familie: Lamiaceae/Labiatae, Lippenblütler
Synonyme: Indianernessel, Scharlach-Bergamotte, Monarde, Riesenbalsam
Herkunft: Nordamerika

Die Bezeichnung der Pflanze als „Indianernessel" liegt darin begründet, dass schon die nordamerikanischen Ureinwohner einen heilenden Tee aus ihren Blüten zubereiteten, der dem Namen des Indianerstammes nach auch als „Oswego-Tea" bekannt ist.
Die Blume wächst bevorzugt in sonniger Lage, auf nährstoffreichen, tiefgründigen Böden und bildet einen vierkantigen Stängel mit behaarten Blättern aus, die sich in der Nähe der Blütenkrone zum Teil rot verfärben. Die eng zusammenstehenden Lippenblüten erinnern an einen Malerpinsel und geben dem Gewächs sein unverwechselbares Äußeres.
Die unterschiedlichen Arten aus der Gattung Monarde lassen sich durch Aussehen, Geruch oder Aroma unterscheiden: Die „Monarda didyma" trägt eine Blütenkrone in kräftigen Rottönen und duftet nach Orange und Minze, während der Geruch der eher rosafarbenen „Monarda citriodora" mehr an Zitrone erinnert. Beide Arten sind auf der Zunge deutlich herber als die bekannte Zitronenmelisse. Einen betörenden Geschmack nach Lavendel und Rose bietet hingegen die ebenfalls in hellen Farben blühende „Monarda fisulosa", auch Wilde Bergamotte oder Rosenmelisse genannt. Ihre Blütenblätter eignen sich hervorragend zur Aromatisierung von Zucker. Die Blätter und Blüten aller Arten sind sowohl frisch als auch gegart bekömmlich, und die Monate von Juni bis September versprechen eine ertragreiche Ernte.
Die Vermehrung im heimischen Garten ist oft völlig unkompliziert durch einfache Teilung der Pflanzen möglich, da sich die Goldmelisse durch Ausläufer des Wurzelstocks vermehrt. Eine jährliche Aussaat ist daher nicht nötig.

GOLDMELISSE

LAT. MONARDA DIDYMA

Basilikum „African Blue"
Ocimum kilimandscharicum x basilikum Purpurascens
Familie: Lamiaceae/Labiatae, Lippenblütler
Synonym: Afrikanischer Strauchbasilikum
Herkunft: Züchtung

Basilikum ist eine in Wuchsform und Blattausprägung sehr stark differenzierte Pflanzenart, die auch geschmacklich große Unterschiede aufweist. Die Züchtung „African Blue" zeichnet sich durch ein sehr intensives Basilikumaroma mit einer leicht kampferartigen Note aus. Während die klassische Genoveser Sorte in Mitteleuropa nur einjährig wächst, hat „African Blue" einen mehrjährigen, strauchartigen Wuchs mit kräftigen, leicht verholzenden Stängeln. Diese sind ebenso wie die Adern der Blätter dunkelviolett gefärbt, während die Lippenblüten in hellem Lila oder Rosa Kontraste setzen.
Basilikum benötigt viel Licht und ist sehr wärmebedürftig, daher muss es im Winter bei ungefähr 15 °C und unter regelmäßiger Wasserzufuhr an einem hellen Standort untergebracht sein. Ein Rückschnitt sollte im Herbst oder Anfang Frühjahr erfolgen. Durch ein regelmäßiges Entfernen der Triebspitzen in den Sommermonaten entwickeln sich stetig neue Seitentriebe, die dem „African Blue" sein buschiges Aussehen verleihen. Außergewöhnlich zart schmecken die Blätter vor der ersten Blüte, aber auch die hellen Lippenblüten haben ein tolles Aroma. Durch seinen herben Geschmack eignet sich die Züchtung insbesondere für die asiatische Küche, beispielsweise als pikantes Kraut in thailändischen Suppen und Currys oder in gefülltem Gemüse.

Wermut
Artemisia absinthium
Familie: Asteraceae/Compositae, Korbblütler
Synonyme: Bitterer Beißuß, Absinth, Alsem, Magenkraut
Herkunft: Europa und Asien

In der antiken Medizin galt Wermut als eine der wichtigsten Pflanzen mit einem äußerst breiten Anwendungsspektrum. Und das Kraut der Pflanze soll auch heute noch beispielsweise als Tee aufgebrüht den Appetit anregen oder Kopfschmerzen lindern. Ihr charakteristisches Äußeres beruht auf den kleinen, fiederspaltigen und seidig behaarten Blättern, die der Pflanze einen typischen Grauschimmer verleihen und dabei helfen, ihn vom Beifuss zu unterscheiden.
Neben Beifuss, Eberraute und anderen verwandten Korbblütlern enthält auch Wermut das Toxin Thujon und kann infolgedessen bei zu hoher Dosierung Vergiftungserscheinungen hervorrufen. Daher war der Wermut enthaltende Magenbitter Absinth in Europa seit Beginn des 20. Jahrhunderts und über mehrere Jahrzehnte hinweg verboten. Das Bitterkraut entfaltet seine Kraft aber nicht nur als Bestandteil in Spirituosen, sondern auch als Zugabe zu eher deftigen Gerichten. Die Sorte „Provence Wermut" (Artemisia gallica nice) bringt dabei neben seinem herben Geschmack auch eine leicht fruchtige Note ein.

Echter Lavendel
Lavandula angustifolia
Familie: Lamiaceae/Labiatae,
Lippenblütler
Synonyme: Kleiner Speik,
Lavander
Herkunft: Mittelmeerraum

Der Lippenblütler gedeiht bevorzugt an sonnigen, trockenen und felsigen Plätzen, weshalb seine lanzettartigen Blätter und die meist violettblaue Blütenpracht häufig gebirgige Abhänge im Mittelmeerraum schmücken. Auch der betörende Duft des mehrjährigen Strauches ist in wärmeren Landstrichen weitaus intensiver als in kälteren Gebieten und zu Beginn der Blütezeit am stärksten. Eine der hübschesten Lavendelarten ist der Schöpflavendel (Lavandula stoechas), dessen Name sich auf die interessant geformten Blütenköpfe bezieht. Auf einem ananasähnlichen Blütenstand mit kleinen Blüten thronen längliche, stark gefärbte Hochblätter.
Das kostbare ätherische Öl des Strauches wird durch Destillationsverfahren gewonnen. Wegen seiner antiseptischen und beruhigenden Wirkung wird es in der Pharmazie und wegen seines Duftes in der Parfümindustrie eingesetzt. Da Lavendelduft oft mit Seife assoziiert wird, erscheint manchen Gourmets die Verwendung in der Küche zunächst fremd. Noch junge Blätter bereichern jedoch besonders in Frankreich, Italien und Spanien verschiedenste Hauptgerichte, und seit einiger Zeit setzen die zarten Blüten nicht nur optische Akzente in kreativen Desserts. Darüber hinaus ist Lavendel eine wichtige Komponente der bekannten Gewürzmischung „Herbes de Provence".

Echter Salbei
Salvia officinalis
Familie: Lamiaceae/Labiatae, Lippenblütler
Synonyme: Gartensalbei, Küchensalbei, Heilsalbei, Allerheilkraut
Herkunft: Mittelmeerraum

Der Echte Salbei ist nur eine von mehreren hundert Arten, aus denen sich die Gattung Salbei zusammensetzt, und zusätzlich eine der wenigen, die auch in Deutschland gedeihen, denn die ausdauernde Pflanze bevorzugt ein mildes Klima und trockene, gerne auch steinige Böden. Auf ihnen wachsen die in Bodennähe schnell verholzenden Stängel empor, die gegenständige länglich-elliptische Blätter ausbilden. Diese weichen und filzigen Pflanzenteile sind je nach Unterart des Echten Salbeis unterschiedlich eingefärbt. Grüne, gelbe und weiße Marmorierungen gibt es ebenso wie dunkelviolette Ausprägungen. Die Ernte der Blätter oder ganzen Zweige erfolgt im Mai oder aber im September, jedoch nicht während der Blütezeit, da ihr herbes und leicht kampferartiges Aroma dann nicht so vollmundig ist. Seit Jahrhunderten gilt Salbei in der Volksmedizin nahezu als Allheilmittel, welches bei den unterschiedlichsten Krankheitsbildern Linderung verspricht.
In der mediterranen Küche findet man Salbei häufig in Fleischgerichten, vor allen Dingen in Zubereitungen mit Kalbfleisch oder Innereien. Hier harmonisiert er bestens mit schwarzem Pfeffer und frischem Knoblauch. Das wohl bekannteste Rezept mit dem Allerheilkraut ist vermutlich Saltimbocca: ein italienisches Kalbschnitzel mit Parmaschinken und frischem Salbei. Zum kulinarischen Blickfang werden die weichen Blätter, wenn man sie kurz in heißem Olivenöl schwenkt und sie beispielsweise über eine säuerliche Schaumsuppe gibt. Für den Gebrauch des Gewürzes in der kalten Jahreszeit lassen sich die Blätter durch Trocknen oder Einlegen in Öl konservieren.

Honigmelonensalbei
Salvia elegans
Familie: Lamiaceae/Labiatae, Lippenblütler
Synonym: Ananassalbei
Herkunft: Mexiko und Guatemala

Schon bei einer leichten Berührung verströmt diese Salbeiart einen frischen Duft nach exotischen Früchten und ihre leuchtend roten Blüten werden garantiert auf jedem Dessertteller zum Blickfang. Aus den Blättern lässt sich zudem ein fruchtiger Tee aufbrühen. Hierzu nimmt man einen gehäuften Esslöffel der Blätter, übergießt sie mit etwas Wasser und lässt den Tee zugedeckt etwa zehn Minuten lang ziehen.

Oregano
Origanum vulgare
Familie: Lamiaceae/Labiatae, Lippenblütler
Synonyme: Echter Dost, Wilder Majoran
Herkunft: Europa und Vorderasien

Origanum, auch Dost genannt, ist eine Pflanzengattung aus der Familie der Lippenblütler, die mit Oregano und Majoran zwei äußerst vielfältig einsetzbare Gewürzarten hervorgebracht hat. Entgegen der umgangssprachlichen Bezeichnung „Wilder Majoran" ist Oregano allerdings keine Urform des heutigen Majorans.
Das Gewürz- und Heilkraut Oregano ist eine überaus anspruchslose mehrjährige Pflanze. Sie liebt warme Standorte auf kalkhaltigen, eher trockenen Böden und wächst in lichten Wäldern und im Gebüsch ebenso wie an weitläufigen Hängen. In der altgriechischen Schreibweise lässt sich die Bezeichnung Oregano mit „Schmuck der Berge" übersetzen. Und tatsächlich sind die unzähligen rosavioletten, manchmal auch weißlichen Teilblütenstände äußerst hübsch anzuschauen. Sie befinden sich end- oder seitenständig an den gabelig verzweigten, leicht behaarten und oft ins Rötliche laufenden Stängeln und Ästen. Die gegenständig angeordneten Laubblätter sind oval, gegen Ende spitz zulaufend und verströmen einen charakteristischen herben Duft, der appetitanregend wirkt.
Im Gegensatz zu vielen anderen Kräutern nimmt die Eindringlichkeit der Aromen nach der Trocknung von Oreganoblättern häufig noch zu. Die griechische Sorte „Origanum vulgare ssp. hirtum" entfaltet dabei den ausgeprägtesten Geschmack. Da jedoch Wuchsort und Wetterlage die Konzentration der ätherischen Öle Thymol, Carvacrol und Cymol sowie die Ausprägung der Gerb- und Bitterstoffe in hohem Maße beeinflussen, unterliegt die benötigte Menge des Krautes als Würzmittel bei allen Sorten erheblichen Schwankungen. Aus der Mittelmeerküche kennt man Oregano natürlich in erster Linie als dominante Zutat in italienischen Tomatensugos oder griechischem Moussaka. Aber auch zu gebratenem Gemüse, Hülsenfrüchten, gegrilltem Fleisch und leichten Geflügelgerichten passt es hervorragend. Omeletts bekommen eine südländische Note, und sogar als Wurstgewürz ist das Kraut verwendbar.

Lorbeer
Laurus nobilis
Familie: Lauraceae, Lorbeergewächse
Synonyme: Echter Lorbeerstrauch, Edler Lorbeer, Lorbeerbaum, Siegerbaum
Herkunft: Mittelmeergebiet

Der immergrüne Strauch oder Baum, dessen Äste bei den Römern als Siegessymbol galten, trägt kurz gestielte, ledrige und an der Oberseite glänzende Blätter, die aufgrund ihrer Öldrüsen oft dunkel punktiert erscheinen. Die beste Erntezeit liegt vor oder nach der Wachstumsphase der Blätter, also Anfang Frühjahr und Ende Herbst.
Frische Lorbeerblätter enthalten mehr Bitterstoffe und schmecken intensiver als in getrockneter Form. Welche Variante man bei der Zubereitung von Speisen bevorzugt, hängt daher vom jeweiligen Gericht und natürlich dem eigenen Geschmack ab. Die Blätter werden für gewöhnlich mitgekocht und vor dem Servieren wieder herausgenommen. Sie gelten beispielsweise als wichtige Zutat im Kräuterstrauß „Bouquet garni" und als Grundgewürz in der Beize von Wild oder Bratenfleisch. Auch zu kräftigen Fischspeisen, deftiger Sülze oder säuerlichen Suppen und Soßen ist die Beigabe eines Lorbeerblattes sehr beliebt. Die blauschwarzen Beeren sind zwar ebenfalls als Würzmittel geeignet, sie sind jedoch weit weniger aromatisch.

Majoran
Origanum majorana
Familie: Lamiaceae/Labiatae, Lippenblütler
Synonyme: Wurstkraut, Blutwürze
Herkunft: vermutlich Asien

Majoran enthält ebenso wie Oregano einen hohen Anteil an ätherischen Ölen, Flavonoiden, Gerb- und Bitterstoffen. Sein Aroma ist zwar weniger herb und pfeffrig, trägt dafür aber mehr Anteile von Minze, eines weiteren verwandten Krautes. So passt es geschmacklich auch zu leichteren Geflügel- und Fischspeisen. Hauptsächlich kommt aber auch dieses Kraut in der gehaltvollen Küche zum Einsatz und ergänzt Kartoffelgerichte, Eintöpfe mit Bohnen, Erbsen oder Linsen und kräftige Fleischgerichte. In der Wurst- und Pastetenzubereitung findet es besonders häufig Verwendung, da es die deftigen Komponenten verstärkt und nebenbei die schwere Kost bekömmlicher macht.
Die buschige und bis zu einem halben Meter hohe Pflanze sieht dem Oregano je nach Sorte zum Verwechseln ähnlich, was es schwierig macht, allgemeine Unterscheidungskriterien zu formulieren. Bei ähnlichen Wachstumsbedingungen im heimischen Garten oder als Topfpflanze weisen die Kräuter zudem vergleichbare Entwicklungsstadien auf.
Majoran wird im Gegensatz zu Oregano jedoch meist nur als einjährige Pflanze angeboten, da diese ein weitaus stärkeres Aroma besitzt als die mehrjährigen, winterarten Sorten.
Eine Konservierung des Krautes ist entweder durch Einfrieren oder Trocknen möglich. Bei der Ernte ab Juni, möglichst vor der Blüte, pflücken Kräuterliebhaber die kompletten Stängel und hängen sie in kleinen Bündeln an einem luftigen Ort auf. Man sollte jedoch darauf achten, die Stängel nicht zu tief abzuschneiden, damit die Pflanze die Möglichkeit hat, erneut auszutreiben. Ein regelmäßiger Rückschnitt der Blütenknospen regt zudem die Blattbildung an.

LORBEER
LAT. LAURUS NOBILIS

Thymian
Thymus vulgaris
Familie: Lamiaceae, Lippenblütler
Synonym: Quendel
Herkunft: Mittelmeerraum

Die immergrüne, mehrjährige Strauchpflanze hat an langen Stielen kleine rundliche grüne Blätter, die am Ende spitz zulaufen. Häufig ist der Blattrand etwas eingerollt und von hellerer Färbung als das Blatt. Sein intensiv aromatischer Geruch und seine keimtötende Wirkung haben ihm bereits im Altertum zu großer Popularität verholfen. Die kleinen Blätter können nahezu das ganze Jahr als Gewürz geerntet werden, im Sommer wachsen an den Trieben kleine zartrosa Blüten. Als Heilpflanze ist der Thymian sehr vielseitig einsetzbar, vor allem lindert er Schmerzen bei Infektionen der Atemwege. Sein würziges Aroma hat ihm vor allem aber auch einen festen Platz in der Küche, insbesondere der provenzalischen, verschafft.

Zitronenthymian
Thymus citriodorus
Familie: Lamiaceae, Lippenblütler
Herkunft: Mittelmeerraum

Der Zitronenthymian ist eine Natur- und Kulturhybride, entstanden aus verschiedenen Sorten der Gattung der Thymiane. Die Pflanze ist im Wuchs dem gemeinen Thymian sehr ähnlich, die Blätter fallen jedoch etwas größer aus. Die Besonderheit des Zitronenthymians, die ihm auch seinen Namen verleiht, ist sein intensives Zitrusaroma. Dieses kann man sowohl riechen als auch schmecken, es macht ihn zu einer beliebten Zutat für die leichte Fisch- und Geflügelküche.

Estragon
Artemisia dracunculus
Familie: Asteraceae/Compositae, Korbblütler
Synonyme: Kaiserkraut, Schlangenkraut
Herkunft: Südrussland und Asien

Estragon ist eine mehrjährige, krautige Pflanze, die Wuchshöhen von über einem Meter erreichen kann und kleine lanzettförmige Blätter trägt, die einen zarten Anisduft abgeben. Zwischen April und Juli bildet das Gewächs kugelförmige Blüten aus und je näher die Blütezeit rückt, desto kräftiger wird das Aroma der Blätter. Daher bietet sich die Zeit kurz vor oder zu Beginn der Blüte als perfekter Erntezeitpunkt an.
Der Französische Estragon, auch Deutscher Estragon genannt, schmeckt leicht bitter, hat aber auch eine angenehm süßliche Komponente. Er enthält wesentlich mehr ätherische Öle und hat einen ausgeprägteren Geschmack als die winterharte Variante Russischer Estragon. Das Gewürzkraut kommt neben Schnittlauch, Petersilie und Kerbel als Bestandteil der Kräutermischung „Fines herbes" besonders in der französisch geprägten Küche zum Einsatz und ist eine wichtige Zutat in der klassischen „Sauce béarnaise". Essig und Senf erhalten durch Estragon eine äußerst feine Note, und Feinschmecker geben das Gewürzkraut zu eingelegten Gurken oder Kürbissen.

ESTRAGON
LAT. ARTEMISIA
DRACUNCULUS

Rosmarin
Rosmarin
Rosmarinus officinalis
Familie: Lamiaceae/Labiatae, Lippenblütler
Synonyme: Weihrauchkraut, Hochzeitsblume, Kranzkraut
Herkunft: Mittelmeerraum

Der buschigen Gewürzpflanze werden viele gesundheitsfördernde Wirkungen zugeschrieben. Sie soll Herz und Kreislauf stärken, Kopfschmerzen lindern und bei Verdauungsbeschwerden helfen. Grund dafür sind die ätherischen Öle, Bitter- und Gerbstoffe, Flavonoide sowie Pflanzensäuren, die in den weiß behaarten Stielen und immergrünen, nadelartigen Blättern enthalten sind.
Rosmarin besiedelt gerne sonnige Standorte mit leichten, kalkhaltigen Böden und kommt im Mittelmeerraum häufig wildwachsend vor. Als Gewürzpflanze kultiviert, benötigt er daher im Winter ausreichend Schutz vor Frost. Kräuterliebhaber ernten die holzigen Stiele im Ganzen und verwenden sie in den Sommermonaten frisch. Gegen Herbst hängen sie die kleinen Äste zum Trocknen in Bündeln an einem luftigen und schattigen Ort auf. Auch bei der Verwendung als Küchenkraut kommen ganze Zweige zum Einsatz. Als Beigabe zu Schmorgerichten kann das Rosmarinaroma langsam in das Fleisch und den Sud übergehen. Geflügel, Lamm und Kaninchen harmonieren perfekt mit der leicht harzigen, an Kampfer und Eukalyptus erinnernden Würze, aber auch Fisch erhält eine ganz besondere Note. Man kann die holzigen Stiele natürlich auch als dekorative Spieße, zum Beispiel für gegrilltes Gemüse, verwenden oder mediterrane Essig- und Ölmarinaden herstellen.

ROSMARIN
LAT. ROSMARINUS
OFFICINALIS

SAUTIERTE IRISCHE JAKOBSMUSCHELN AUF ERBSENPÜREE MIT ROSA GRAPE-FRUITSCHAUM UND GEMÜSESPROSSEN

KEVIN DUNDON

3 Jakobsmuscheln pro Person

Erbsenpüree:
gefrorene Erbsen
Sahne

Rosa Grapefruitschaum:
1 Pink Grapefruit
500 ml warme Sahne
3 Blatt Gelatine
1 TL Lecithin

Gemüsesprossen nach Saison:
Rote Bete-, Brokkoli-, Kohl-, Erbsen-sprossen etc.
Kresse

Für das Püree die Erbsen in der Sahne kochen und anschließend zu einer cremigen Konsistenz pürieren.
Für den Grapefruitschaum die Frucht in der Sahne köcheln und ziehen lassen. Vom Herd nehmen, Gelatine und Lecithin zugeben. Durch ein Sieb passieren und kalt stellen. Vor dem Servieren mit einem Mixer aufschäumen.
Die Jakobsmuscheln in der Pfanne braten und karamellisieren. Auf dem Erbsenpüree servieren. Mit etwas Grapefruitschaum besprühen und mit Sprossen und Kresse garnieren.

Verhilders

WEITER HORIZONT
DICK SOEK

Im Norden der Niederlande irgendwo zwischen Groningen und der Nordsee liegt das kleine Städtchen Verhildersum. Etwas außerhalb hat sich der Sternekoch Dick Soek mit seinem Schathoes etabliert. Der Ruf, eine streng regionale produktbezogene Küche auf höchstem Niveau anzubieten, geht ihm weit über die Grenzen des eigenen Landes voraus.
In der Tat, was bei Dick Soek auf der Karte steht ist unprätentiös, aber handwerklich perfekt und ideenreich zubereitet. Die Liebe zum lokalen Produkt wird bei jedem Gericht deutlich. „Lammleber vom Deich" und als Beilage „Alles, was das Frühjahr bringt", biologisches Huhn, Garnelen aus dem Watt und sein Lieblingsfisch „Dicklipharder", wie man die Dicklippige Meeräsche hier nennt. Die liebt er über alles, schätzt sie höher ein als den Wolfsbarsch. Für mich ist auch überraschend, wie klar und fein das Fleisch selbst als Sashimi schmeckt.
Die Liebe zum lokalen Produkt hat Dick Soek aus Italien mitgebracht. Dort war er mit dem Motorrad unterwegs und entdeckte seine Liebe zum Essen – und lernte Koch.
Die Begeisterung für die mediterrane Produktküche hat er mit in den Norden genommen, wo er durch viele Restaurants tingelte. Doch mit seinen eigensinnigen Gedanken zu Produktphilosophie und Produktbeschaffung eckte er häufig an, und so war der Weg in die Selbständigkeit die logische Konsequenz.
Das „Schathoes", die ehemalige Lagerscheune des wunderbaren Herrensitzes „Landgoed Verhildersum" mit Wassergraben und eindrucksvollem Baumbestand, bot den richtigen Rahmen und das Ambiente für seinen Küchenstil, den er nun endlich verwirklichen konnte. Dick suchte sich Lieferanten aus der Region, von denen er (fast) alles bezieht. Denen ist er ein treuer und fairer Kunde, und er nennt alle auf seiner Karte. Die Dijkstra aus Kloosterburen mit ihren Woddendijklammeren oder den Yachtclub Nomrod aus Westpolder, die ihr Wild bei Dick Soek abliefern. Alles kommt aus dem Umland, Früchte, Gemüse, Brot und Käse. Was die kleine Mannschaft in ihrer Küche produziert, ist absolut empfehlenswert.

www.schathoes.nl

MEDITERRANER SALAT MIT FRISCH GEPÖKELTEN ANCHOVIS, BASILIKUMPESTO UND GEBACKENER MEERÄSCHE

DICK SOEK

200 g Meeräschenfilet mit Haut
8 kleine Anchovis
feines Meersalz
50 g Bohnen
1/2 Zwiebel
50 g gekochte kleine Kartoffeln
50 g gekochter grüner Spargel
20 g Basilikumblätter
200 ml Olivenöl
Limonensaft
30 g Oliven
4 hart gekochte Eier
50 g getrocknete Tomaten

Die Anchovis mit dem feinen Meersalz pökeln.
Die Bohnen kochen. Die Zwiebel in dünne Ringe schneiden, die Kartoffeln vierteln und den Spargel zuschneiden.
Basilikum und Olivenöl in der Küchenmaschine so lange mixen, bis das Pesto schön grün ist. Mit etwas Limonensaft abschmecken.
Den Salat mit allen Zutaten auf Teller drapieren, obenauf das gebackene Meeräschenfilet setzen und Pesto rundherum träufeln.

Von Sprossen und Kressen

Samen von Nahrungspflanzen in die Erde bringen, sie zur Pflanze gedeihen lassen und diese oder deren Früchte zum Verzehr ernten – so oder so ähnlich ist der normale Ablauf bei Landwirten.
Wir besuchten zwei Unternehmen, die etwas ganz anderes aus Saatgut machen. Beide verwenden das gleiche Grundmaterial, aber was daraus entsteht, ist völlig unterschiedlich. Und beide gelten als die Innovativsten, die auf dem Markt von Frischeprodukten in Europa derzeit zu finden sind.
Angesiedelt sind sie in den Niederlanden, dem Land, das die meisten Erfahrungen im Bereich Gemüsekultivierung aufzuweisen hat. Zwar sind holländische Produkte meist nur Mittelmaß oder Massenware, aber Leuten wie Koppert Cress oder van der Plas müsste die niederländische Regierung eine Verdienstmedaille verleihen. Beide spornen durch ihre Arbeit Kollegen an, auch nach qualitativen Verbesserungen und Innovationen zu forschen. Zur Reputation niederländischer Agrarprodukte trägt das erheblich mehr bei als jede Werbekampagne.

Die Sprösslinge der Sprossendynastie

Wir sind in der Nähe von Alkmaar. Hier produziert Theo van der Plas Sprossen. Unterstützt wird er von seinem Bruder Rob. Die beiden lustigen Burschen sehen eigentlich eher so aus, als würden sie eine Kneipe in Amsterdam leiten und nicht das hochmodernste Sprossentreibhaus der Welt. Und ganz so falsch ist der Eindruck auch nicht. Theo wollte eigentlich Rockmusiker werden und spielte in einer Punkband, bevor er das Unternehmen vom Vater übernahm. Auch sein Bruder Rob ist Musiker und war als Designer für den Posten des Marketing- und PR-Managers des Unternehmens prädestiniert. „Wir wollen Spaß beim Arbeiten haben", erklärt uns Theo. „Wir verdienen lieber einen Euro und haben viel Spaß als 100 Euro und viel Stress."

Theo van de Plas
und Chantel „Mengelmoes"

Allerdings gewinne ich den Eindruck, dass die beiden eher 500 Euro verdienen und nicht zuletzt deshalb viel Spaß haben... Sicher zu Recht, denn das Glück ist bekanntermaßen mit den Fleißigen.
Gegründet wurde das Unternehmen von den Brüdern Jan und Arie van der Plas, Vater und Onkel der heutigen Inhaber. Die beiden leiteten eine Tischlerei und erhielten den Auftrag zur Konstruktion einer Pilzzuchtanlage. Das brachte sie auf die Idee, auch in dieses Geschäft einzusteigen. Mit einem kleinen Team bauten sie eine Pilzzucht auf.
Nach einigen erfolgreichen Jahren wurde der Markt allerdings zunehmend von französischen Billigchampignons überschwemmt und die Brüder mussten sich nach Alternativen umsehen.
In Südostasien stieß Jan van der Plas auf die Mungbohne, bei uns werden die Keime fälschlicherweise oft als Sojasprossen bezeichnet, und er begann diese in seinem Betrieb zu produzieren. Das war nicht schwer, die Grundbedingungen hatte er durch seine Pilzfarm schon geschaffen: dunkle Räume. Mungbohnensamen werden in großen Kübeln unter tropischen Bedingungen – mindestens 28 °C und eine Luftfeuchtigkeit wie im tropischen Regenwald, etwa 97 Prozent – zum Keimen gebracht. Innerhalb von zwei bis drei Tagen quellen sie förmlich aus den Behältern, werden gewaschen und sind verkaufsfertig.
Die van der Plas Brüder leisteten mit diesem neuen Produkt sehr viel Pionierarbeit, entwickelten neue Zuchtmethoden und -techniken und das Unternehmen wuchs.
Nach dem frühen Tod seines Bruders Jan führte Arie das Unternehmen mit Unterstützung seines Sohnes Theo weiter. Lange Zeit blieben die Mungbohnenkeime das Hauptprodukt von van der Plas. Bis ein Kunde nach Alfalfa-Keimen fragte. Alfalfa? Van der Plas wusste gar nicht, was das war, sagte aber schon mal zu, zu produzieren.
Schnell fand er heraus, dass es sich bei Alfalafa um eine Sprosse handelt, die zur Familie des Klees gehört. Alfalfa, auch Luzerne genannt, ist die ursprünglich arabische Bezeichnung und bedeutet so viel wie „Vater aller Nahrung".
Van der Plas kaufte Alfalfa-Samen ein und entwickelte in seinem Betrieb den ersten „Bioreaktor für die Sprossenproduktion". Denn so einfach wie Mungbohnen lassen sich andere Sprossen nicht produzieren. Dahinter steckt eine eigens entwickelte Hochtechnologie, die wir nicht fotografieren durften und über die wir auch nicht viel verraten möchten.
Nur soviel: Die Keimung erfolgt in sich langsam drehenden Tanks bei völliger Dunkelheit und einer durchschnittlichen Temperatur von 28 °C und mit computergesteuerter Wasserzufuhr.
Heute produziert van der Plas mit zirka 120 Tanks – immer noch Eigenentwicklungen, die von Firmen aus der nähren Umgebung gebaut werden – um die 22 verschiedene Sprossenarten.
Weitere Produktionsstätten in anderen Ländern – auch jenseits des großen Teiches – mit der van der Plas Expertise sind in Planung.
Möge euer Erfolg weiter sprießen, lieber Theo und Rob.

Etwas für Ökofreaks?

Die van der Plas Jungen möchten ihre Produkte nicht in die Ecke der Vegetarier oder alternativen Ökoszene gerückt wissen. Sie haben den Genussmenschen im Visier, ihre Sprossen sollen etwas für alle Zielgruppen sein.
Natürlich sind die Produkte besonders gesund und mit größtmöglicher Sorgfalt produziert. So werden die Sprossenkeimlinge vor der Auslieferung dreimal gewaschen, um die Samenreste zu beseitigen. Seit neun Jahren tragen die Produkte das niederländische Ökolabel.

Nicht alle van der Plas Produkte werden in völliger Dunkelheit produziert. Sonnenblumen, die uns Rob hier präsentiert, oder Erbsenspargel wachsen zunächst drei Tage in der Dunkelheit. Der Erbsenspargel ist dann noch ganz weiß oder hellgrün.
Ein Lichtbad von einigen Tagen bildet dann das schöne Grün des Chlorophylls heraus. Geerntet wird der Erbsenspargel per Hand mit einer Schere. Die Abfälle holt sich ein Bauer aus der Gegend. Übrigens sollen dessen Kühe ganz besonders gesund sein.

VON LICHTBÄDERN UND DUNKELKAMMERN

Rosabi Sprouts®
Diese Sprossen schmecken etwas weniger kräftig als Rote Bete-Sprossen und sind wegen ihres hohen Vitamingehalts eine wirklich gesunde Deko.

Rote Bete-Sprossen
Die prächtig roten Sprossen schmecken ähnlich wie rohe Rote Bete, sind reich an Vitaminen, Chrom und Magnesium und durch ihre Farbe ideal für die Dekoration.

Sonnenblumensprossen
Diese kräftig-grünen Sprossen bereichern mit ihrem nussigen Geschmack Salate, Suppen und Pfannengerichte. Sie sind reich an Vitamin C und E und Kalzium.

Mungbohnen, der Klassiker
Roh oder geschmort, als Rohkost oder in asiatischen Gerichten. Die Hülsenfrucht wird seit einigen tausend Jahren in Asien angebaut. Aus ihrem Mehl werden Glasnudeln hergestellt. Irrtümlich werden sie oft als Sojabohne bezeichnet.

Greenpeez®
Sehr dekorative grüne Sprosse mit dem frischen Geschmack von jungen Bohnen. Passt gut zu Salaten oder einfach kurz angebraten.

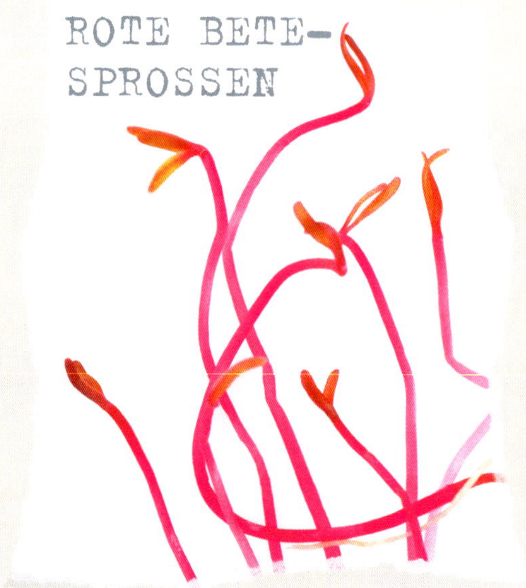

GREENPEEZ®

SANGO SPROUTS® – RADIESCHENSPROSSEN

RADIESCHENSALAT

Sango Sprouts® – Radieschensprossen
Dunkelrot bis lilafarbene Radieschensorte mit einem pikant-pfeffrigen Geschmack. Durch die auffallende Farbe sehr dekorativ in Salaten.

Radieschensalat
Würzig und frisch, für Salate. Auch in Pfannengerichten, Saucen oder mit kurz gebratenem Fleisch vorzüglich.

Welche Samen eignen sich?
Die Samen für die Keimproduktion werden weltweit eingekauft. Im Prinzip eignen sich fast alle Samen von Nahrungspflanzen, mit Ausnahme der Nachtschattengewächse wie Tomaten oder Kartoffeln. Sehr gute Ergebnisse werden mit Zwiebeln oder Porree und mit Schirmblütlern wie Karotte, Sellerie oder Fenchel erreicht. Auch ölhaltige Samen wie Sesam, Sonnenblume, Hafer, Weizen, Roggen oder Hülsenfrüchte bilden schmackhafte Keime.

Woraus bestehen Samenkeime?
Samen bestehen überwiegend aus Kohlenhydraten, Fetten, Eiweiß und zirka 10% Wasser. Die Kohlenhydrate, überwiegend in Form von Stärke, werden während des Aufkeimens in einfachen Zucker umgesetzt, wodurch die Keime leicht verdaulich werden.
Der Keim erhält während des Keimvorgangs eine enorme Steigerung des Nährwertes von z. B. Vitamin A und C. Weiter enthalten die Keime wertvolle Mineralien wie Kalzium, Eisen, Magnesium, Phosphor und Kalium.
Bei Keimgemüse handelt es sich eigentlich um Babypflanzen in der Blüte ihres Lebens. In diesem Stadium besitzen sie eine höhere Konzentration an Proteinen, Mineralien, Enzymen, Ribonukleinsäure, DNA (Desoxyribonukleinsäure), Bioflavonoide, T-Zellen usw. als in ihrem früheren Pflanzenleben, aber auch im Vergleich zum erwachsenen Gemüse. Mit dem Keim erhält man ein Gemüse, das im Ganzen, aber vor allem im vitalsten Moment seines Lebens gegessen werden kann. Alle Nahrungswerte bleiben bis zum Verzehr erhalten.

ADZUKI SPROSSEN

Adzuki Sprossen
Diese schöne rotbraune „Verwandte" der Mungbohnensprosse schmeckt neutral nussig und eignet sich vor allem für warme Gerichte wie Omeletts oder Suppen, aber auch roh in Salaten.

Alfalfa
Den frischen Geschmack nutzt man vor allem in Salaten oder für Sandwiches. Alfalfa ist besonders reich an pflanzlichen Eiweißen, Vitaminen und Mineralien.

Koriandersprossen
Starker Koriandergeschmack mit einem Hauch von Zitrone. Sowohl roh als auch blanchiert passen Koriandersprossen vor allem zur asiatischen und mexikanischen Küche.

Fenchelsprossen
Der frische Anisgeschmack dieser Sprossen passt perfekt zu Fischgerichten. Aber auch als Garnitur zu Nachspeisen, zum Beispiel zu Eis.

Rotkohlsprossen
Diese frisch schmeckenden Keimlinge bestechen durch ihre leicht lila Farbe. Sie lassen sich gut mit Käse, Obst und Salaten kombinieren.

ERBSENSPARGEL-SPROSSEN

Erbsenspargel-Sprossen
Die schönen langen, weißen Keime sind besonders dekorativ und verleihen vor allem Salaten einen frischen, spargelartigen Geschmack.

Porreesprossen
Die feinen, frischgrünen Sprossen schmecken ausgezeichnet zu Fisch- und Krustentiergerichten und in Rohkostsalaten. Sie sind ein guter Ersatz für fein geschnittene Zwiebeln.

Garlic Sprouts® – Knoblauchkeime
Der sanfte Knoblauchgeschmack passt gut zu vielen Fisch- und Fleischgerichten.

Broccosprouts®
Leichter Brokkoligeschmack und ein Hauch von Radieschen, lecker zu Fisch, auf Brot und in Salaten.

Rettichsprossen
Diese grüne Radieschenverwandte hat einen sehr würzigen Geschmack, schärfer als Radieschensalat, und ist ideal in Salaten oder zu Wok-Gerichten.

KEIMMIX

Keimmix
Reichhaltig variierte Gesundheitsmischung aus kräftigen Keimen, für Wok-Gerichte und Suppen oder roh in Salaten oder zu gebratenem Fisch.

Kichererbsensprossen
Die kräftigen, kurz gekeimten Kichererbsen eignen sich gut zum Anbraten und für Suppen.

Linsensprossen
Der milde, leicht süßliche Geschmack passt gut zu Rohkost, aber gedünstet schmecken sie noch besser.

Weizensprossen
Sie haben einen süßlichen Geschmack, sind reich an Vitamin E und passen hervorragend zu Fruchtsalaten, Müsli, Joghurt oder auch geröstet in Salaten.

CHANTEL MENGELMOES BRINGT HOLLAND ZUM KOCHEN

Der Name ist Programm, denn er bedeutet in etwa soviel wie Mischung. Chantel mischt Kochstile, Kulturen und Einrichtungsgegenstände und sie deckt Tische so lustig und schön bunt ein, wie auch ihre ganze Küche aussieht. Wir sind in einer Kochschule, die Chantel mitten im van der Plas Treibhaus eingerichtet hat. Gleichzeitig ist der kultige Ort so etwas wie die Versuchsküche und das Wohnzimmer von Rob und Theo. Auch wir fühlen uns hier sofort wohl, und wir werden mit Probierstückchen, guter Laune und Freundlichkeit aufgenommen.
Chantel ist in Holland eine bekannte Star-Köchin mit eigener TV-Kochshow. Mit ihrer Freundin Mariann aus dem nahen Amsterdam hat sie die folgenden wunderschönen Kreationen zubereitet und gestylt.

www.chantelsmengelmoes.nl

FRAUENPOWER

CARPACCIO VOM KABELJAU MIT GRÜNEM SENFRAHM UND SONNENBLUMEN-SPROSSEN

CHANTEL MENGELMOES

Rezept für 4 Personen

300–350 g frisches Kabeljaufilet
1 EL grüner Senf
1 Schuss Ingwersirup
150 ml Sahne
einige Tropfen japanischer Kochwein
1 EL Mayonnaise
Sonnenblumensprossen
Meersalz und Pfeffer aus der Mühle

Für die Senfrahmsauce die Sahne mit grünem Senf, Ingwersirup, japanischem Kochwein und Mayonnaise locker aufschlagen. Mit etwas Meersalz und frisch gemahlenem Pfeffer abschmecken. Für einen intensiveren Geschmack etwas mehr Senf zugeben.
Den frischen Kabeljau mit einem möglichst scharfen Messer in hauchdünne Scheiben schneiden und auf vier Tellern anrichten. Den Senfrahm mit einem Spritzbeutel in einem Gittermuster auf den Fisch aufbringen. Zum Schluss mit den Sonnenblumensprossen garnieren und sofort servieren.
Dieses Gericht lässt sich perfekt variieren: Den Kabeljau kann man einfach durch frisches Lachsfilet ersetzen.

RETTICHSPROSSEN ZU GERÖSTETEM BROT MIT CHILI-CREME UND KIWI

CHANTEL MENGELMOES

Brot (z.B. Ciabatta oder Pain de Champagne)
schöne, nicht zu reife Kiwis
frischer Rahmkäse
Thai-Chilisauce
Rettichsprossen

Das Brot in dünne Scheiben schneiden und im Toaster oder unter dem Grill knusprig und goldbraun rösten.
Die Kiwis schälen, der Länge nach halbieren und in nicht zu dünne Scheiben schneiden.
Den weichen Rahmkäse mit etwas Chilisauce in eine Schüssel geben und verrühren, bis eine leicht pikante Creme entsteht. Je nachdem, wie scharf Sie es mögen, noch etwas mehr Chilisauce dazu geben.
Die gerösteten Brotscheiben mit reichlich Chilicreme bestreichen und dann mit den Kiwischeiben belegen. Das Ganze mit Rettichsprossen garnieren und dieses leichte und gesunde Gericht sofort servieren.

REYPENAER V.S.O.P. MARINIERT IN PORTWEINFEIGEN MIT RADIESCHEN-SPROSSEN

CHANTEL MENGELMOES

Käsedessert für 4–6 Personen

300–350 g Reypenaer V.S.O.P.
(2 Jahre gereifter holländischer Gouda Käse)
6 frische Feigen
1/2 l Portwein
Radieschensprossen

Die Feigen halbieren. Den Portwein mit den Feigen auf kleiner Flamme auf die Hälfte einkochen und anschließend abkühlen lassen.
Den Käse in Würfel schneiden und mindestens einen halben Tag in den Portweinfeigen marinieren.
Die Feigen- und Käsestücke aus der Marinade nehmen und auf einem Bett aus Radieschensprossen präsentieren. Einige Radieschensprossen darüber streuen.
Eine verführerische neue Art des Käsegenusses!

KANAPEES MIT FORELLENMOUSSE UND ROSABI SPROUTS

CHANTEL MENGELMOES

200 g Forellenfilet
100 g frischer Rahmkäse
1 Stange Staudensellerie
1 Schalotte
einige Zweige glatte Petersilie
geröstete Weißbrotscheiben
Rosabi Sprouts
2 EL ungesüßte, grob gehackte Pistazien
Salz und Pfeffer aus der Mühle

Das Forellenfilet und den Rahmkäse mit einem Stabmixer pürieren. Stangensellerie und Schalotte waschen und in sehr kleine Würfelchen schneiden. Die Petersilie fein hacken, einige schöne Zweige für die Garnitur aufbewahren. Die Sellerie- und Schalottenwürfel und die gehackte Petersilie mit der Forellenpaste vermengen. Diese Forellenmousse mit Salz und frisch gemahlenem Pfeffer abschmecken.
Zum Schluss die gerösteten Brotscheiben mit reichlich Forellenmousse bestreichen und mit Rosabi Sprouts und den grob gehackten Pistazien garnieren.

KOPPERTS CRESSPERIENCE

Die Ortschaft Monster im Herzen Westlands. Völlig zu Recht bezeichnet man diese Gegend als den Garten Europas. Hier reiht sich entlang der unzähligen Kanäle Gewächshaus an Gewächshaus. Nein, nicht so einfache Glaspavillons wie man sie allgemein kennt. Diese hier sehen aus wie richtig noble Wintergärten. Überhaupt, alles in dieser Gegend wirkt überaus gepflegt und wohlhabend.

Auch Koppert Cress ist beeindruckend. Unsere sympathische Gastgeberin Liesbeth Boekestein führt uns in ein riesiges, edles Besprechungszimmer. Daran schließt sich ein Kochstudio an, das mit einem ovalen Molteni Podium IV Herd ausgestattet ist. Für den, der das nicht kennt: Dieser Herd ist so etwas wie ein Maybach in der Automobilbranche. Hier werden TV Shows gedreht, Teilnehmer von Schulungen gekonnt bewirtet und Workshops abgehalten. Das Ganze ist ein Begegnungszentrum, das Gärtner und Gastronomen zusammenführt, und es heißt „Cressperience".

Die Produkte, die Koppert Cress produziert, nennt das Unternehmen selbst Mikrogemüse. Jungpflanzen, die teilweise nicht mit ihren biologischen Bezeichnungen, sondern unter Marketingnamen angeboten werden, um dem Wettbewerb die Nachahmung zu erschweren. Für die meisten Produkte wird der Sammelbegriff Kresse verwendet. Nun ist die Kresse ja eigentlich eine essbare Blumenpflanze. Die meisten kennen die Kapuziner- und die Brunnenkresse. Und diese beiden waren auch die ersten, die als Keimgemüse im Handel auftauchten und so zum Gattungsbegriff der Keimgemüse führten. Neben diesen Kressen bietet Koppert heute noch eine Vielzahl von essbaren Blüten und Minigemüse wie eine drei Zentimeter große Melone an.

Begonnen hat alles in den 1980er Jahren, als der querköpfige Radieschengärtner Gerrit Koppert mit seiner Erfindung in den Versteigerungshallen auftauchte: Daikonkresse. Wie das meistens so ist – der „Revolutionär" Koppert wurde nur belächelt und seine Kresse als unverkäuflich zurückgewiesen. Aber es zeichnet wirklich gute Leute aus, dass sie an ihre Ideen glauben und sie gegen die Trägheit der Massen durchsetzen. Koppert gab seine Radieschen auf, konzentrierte sich ganz auf die Kressen und vermarktete sie selbst.

Der eigentliche Siegeszug begann, als Rob Baan das Unternehmen erwarb. Unterstützt von der agilen Liesbeth Boekstein baute das Unternehmen ein aktives Management, beinhaltend Forschung, Qualitätsmanagement, Marketing und Vertrieb, auf. Die Starköche dieser Welt wurden aufmerksam, und bald standen Koppert Kressen in den Küchen eines Wissler, Dacosta und Adrià. Letzterer hat sogar einige Produkte exklusiv.

Koppert Cress ist ein aktives und selbst in schlechten Zeiten stark wachsendes Unternehmen. Bei allem Marketinggeschick wäre dies ohne eines nicht möglich: ein exzellentes und eigenständiges Produkt. Koppert liefert genau das, was die ambitionierte Gastronomie sucht. Neue Produkte, die eine Küche spannend halten. Stetig forscht Koppert nach neuen Pflanzenvaritäten, die durch Geschmack und Aussehen bestechen.

Affilla® Cress
Herkunft: China
Geschmack: frische Erbsen,
passt zu milden, süßen Gerichten
Verfügbarkeit: ganzjährig
Haltbarkeit: bis zu 10 Tage bei 2–4 °C

Herkunft:
Die Triebspitzen sind in Südostasien sehr populär. Chinesen nennen sie „HE LAN DO" (ausgesprochen: chelando), was so viel wie „Holland" bedeutet!
Durch unsere holländischen Vorfahren der VOC (Vereinigte Ostindische Gesellschaft) kamen Anbauer im „Goldenen Zeitalter" in diesen Teil der Welt und mit ihnen viele neue Ideen.

Geschmack und Verwendung:
Affilla® Cress hat eine lustige und dekorative Form, denn die „Locken" geben ihr ein sehr kreatives Aussehen. Der Geschmack dieser Pflanze ähnelt dem von Zu-ckererbsen. Affilla® Cress ist eine perfekte Beilage zu milden Gerichten. Sie können sie aber auch gut mit Süßem kombinieren. Des Weiteren eignet sie sich auch zum Blanchieren.

AFFILLA® CRESS

BroccoCress®
Herkunft: Italien
Geschmack: milder Brokkoli, Radieschen
Passt zu geräuchtem Fisch, Sandwich
Verfügbarkeit: ganzjährig
Haltbarkeit: bis zu 10 Tage bei 2–4 °C

Herkunft:
Brokkoli ist ein sehr altes Gemüse, das schon zu Zeiten der Römer bekannt war. Italiener verbreiteten diese Pflanze in Amerika, und seit etwa 20 Jahren wird sie auch in Europa geschätzt. Der gesundheitliche Wert von Brokkoli ist mittlerweile unbestritten. BroccoCress® hat die entsprechenden Inhaltsstoffe und ist zudem äußerst schmackhaft.

Geschmack und Verwendung:
Der Geschmack von BroccoCress ist sehr mild. Sie schmeckt einfach wunderbar auf einem Sandwich mit Käse. Sie ist vielseitig einsetzbar für Suppen oder Saucen und sogar für eine Diät geeignet.

Alle Sprossen, Kressesorten und Mikrogemüse von Koppert Cress werden nach den Richtlinien von SQF 2000 angebaut und können direkt verwendet werden.

BROCCOCRESS®

LIMON CRESS

Limon Cress
Herkunft: India
Geschmack: Limonen, Anis
Passt zu (Fisch)Suppen, Garnelen, Krustentieren, Desserts
Verfügbarkeit: ganzjährig
Haltbarkeit: bis zu 10 Tage bei 12–16 °C

Herkunft:
Gehört zur Familie des Basilikums, die 150 im Aussehen und im Geschmack unterschiedlichen Arten umfasst.

Geschmack und Verwendung:
Limon Cress duftet, wie der Name schon verrät, delikat nach Limone und schmeckt nach Limone, Anis und Minze. Durch unsere spezielle Anbaumethode werden Geschmack und Duft dieser zarten Pflanze sogar noch intensiver. Limon Cress kann in allen Gerichten Verwendung finden: Es passt ebenso gut zu Desserts wie zu Meeresfrüchten oder Krustentieren.
Es ist wichtig, die Temperatur von 12–16 °C bei der Lagerung einzuhalten, da sich sonst die Blätter verfärben.

Ghoa Cress
Herkunft: Indien
Geschmack: Zitrus, milder Koriander
Passt zu Amuse, Fisch, asiatischen und Wok-Gerichten, Suppen und Desserts
Verfügbarkeit: ganzjährig
Haltbarkeit: bis zu 10 Tage bei 2–4 °C

Herkunft:
Diese Kresse kommt ursprünglich aus Goa, dem kleinsten indischen Bundesstaat an der mittleren Westküste des Subkontinents. Verwendet wird Ghoa Cress für fast alle Curry-Gerichte dieser Region, die etwas milder als in den übrigen Landesteilen sind.

Geschmack und Verwendung:
Ghoa Cress zeichnet sich durch einen frischen Zitrusduft und den milden Geschmack nach Koriander aus. Die dekorativen Blätter passen sehr gut zu Fisch, Geflügel, aber auch zu Suppen und sogar zu Desserts. Ghoa Cress soll außerdem Magen und Leber stimulieren und positiv bei Schlaflosigkeit wirken.

GHOA CRESS

Rock Chives®
Herkunft: Chinesisches Hochgebirge
Geschmack: milder Knoblauch
Passt zu Amuse, Bruschetta, Crostini
Verfügbarkeit: ganzjährig
Haltbarkeit: bis zu 10 Tage bei 2–4 °C

Herkunft:
Rock Chives® ist ein Schnittlauchtyp aus der Bergregion in Ostasien, der zur riesigen Familie der Zwiebelgewächse gehört. Allerdings gehören Rock Chives® zu den samenproduzierenden Varietäten. Sie haben einen milden Knoblauchgeschmack, wie er bei keiner anderen Schnittlauchart zu finden ist, und werden wegen ihres feinen Geschmacks besonders häufig in China verwendet.

Geschmack und Verwendung:
Mit einer lustigen „Flagge" am Blatt – so fängt der Keimling an zu wachsen. Die Samen kleben auch nach einigem Wachsen noch an dieser „Flagge" und geben Rock Chives® somit ein dekoratives Aussehen. Rock Chives® werden sehr häufig für die Dekoration verwendet. Zudem passen die feinen Blätter gut zu Fisch, zu einem Omelett oder zu einer Tomatensuppe – als krönender Abschluss mit etwas saurer Sahne. Die Blätter sind zu fein, um gekocht oder frittiert zu werden, können jedoch blanchiert werden.

ROCK CHIVES®

Sakura Cress®
Herkunft: Japan
Geschmack: Rettich
Passt zu Salaten, Appetithäppchen
Verfügbarkeit: ganzjährig
Haltbarkeit: bis zu 10 Tage bei 2–4 °C

Herkunft:
Sakura Cress® ist eine Weiterentwicklung der Daikon Cress®. Die dunkelviolette Färbung von Sakura Cress® wird von Anthocyan verursacht, das hier in einer hundertfach stärkeren Konzentration als in Radieschen vertreten ist. Anthocyan ist ein Anti-Oxidantium aus der Gruppe der Flavonoide und damit ein äußerst gesunder Inhaltsstoff.

Geschmack und Verwendung:
Sakura Cress® schmeckt wie Radieschensprossen und passt sehr gut zu Salaten und als Dekoration zu Fisch und Fleisch.

SAKURA CRESS®

Scarlet Cress
Herkunft: tropische Regionen
Geschmack: Rote Bete oder Spinat
Passt zu Fisch, Fleisch, Wild und Salaten
Verfügbarkeit: ganzjährig
Haltbarkeit: bis zu 10 Tage bei 2–4 °C

Herkunft:
Scarlett Cress ist in den Tropen und in wärmeren Regionen beheimatet. Sie ist Teil einer sehr nährstoffreichen Pflanzenfamilie mit hohem Vitamin- und Mineraliengehalt. Sie wird allgemein als Blattgemüse, Getreide oder Zierpflanze verwendet. Die Samen der Scarlett Cress sollen einen höheren Proteingehalt als Weizen haben.

Geschmack und Verwendung:
Scarlet Cress ist eine sehr dekorative Kresse mit einem milden Rote Bete-Geschmack. Aufgrund dieser Eigenschaften findet die Kresse Verwendung als Garnitur bei Cremesuppen oder als bunter Blickfang auf Fisch oder in einem gemischten Salat.

Honny Cress
Herkunft: Südamerika
Geschmack: honigsüß
Passt zu Desserts und Patisserie
Verfügbarkeit: ganzjährig
Haltbarkeit: bis zu 10 Tage bei 2–4 °C

Herkunft:
Honny Cress ist ursprünglich eine südamerikanische Pflanze, die schon lange vor den Konquistadoren als natürlicher Süßstoff Verwendung fand. Heute ist sie in den USA und vor allem in Japan ein wichtiger natürlicher Zuckerersatzstoff.

Geschmack und Verwendung:
Honny Cress schmeckt intensiv nach Honig. Vor allem in Desserts und der Patisserie bietet diese kalorienfreie Zutat ungeahnte Möglichkeiten.

SCARLET CRESS

HONNY CRESS

CHILLI CRESS

SECHUAN CRESS

Chilli Cress
Herkunft: China
Geschmack: scharfer Senf
Passt zu (rohem) Fisch, Salat, Snacks
Verfügbarkeit: ganzjährig
Haltbarkeit: bis zu 10 Tage bei 2–4 °C

Herkunft:
Chilli Cress stammt aus China, wo dieses sehr beliebte Produkt in vielen Gerichten Verwendung findet. Als ausgewachsene Pflanze ist Chilli Cress eine große rot-grüne Rübe, die gerne mitgekocht wird, um einem Gericht etwas Schärfe zu verleihen. Als Kresse muss Chilli Cress unbedingt gekühlt aufbewahrt werden, damit man ein weiteres Wachstum verhindert.

Geschmack und Verwendung:
Chilli Cress ist eine würzige und zugleich dekorative Kresse. Die feste Pflanze mit einem kräftigen Biss wird in China vor allem zu Fisch, in der Suppe oder in Salat verwendet und zusätzlich überall dort eingesetzt, wo dekoriert wird. Besonders gut schmeckt Chilli Cress zu allen Gerichten, die man z. B. mit Radieschen zubereiten würde. In einem gemischten Salat liefert sie nicht nur geschmacklich, sondern auch optisch das gewisse Extra.

Sechuan Cress
Herkunft: China/Afrika
Geschmack: prickelnd, elektrisch, betäubend
Passt zu Amuse, Cocktails, Eisdesserts
Verfügbarkeit: ganzjährig
Haltbarkeit: bis zu 10 Tage bei 12–16 °C

Herkunft:
Diese Kresse wurde aus der Pflanze gezüchtet, deren Blütenknospen als „Sechuan Buttons" bekannt sind. Der Ursprung dieser Pflanze geht zurück bis zur Zeit, als Afrika und Südamerika noch miteinander verbunden waren. Heute findet sie nur noch in einigen Gebieten Afrikas Verwendung.

Geschmack und Verwendung:
Das grüne Blatt der Sechuan Cress prickelt im Mund wie Champagner und kann sogar ein leichtes Gefühl von Betäubung hervorrufen. Die Sechuan Cress kann für alle Arten von Cocktails, Fruchtsäften und Eiscremes verwendet werden oder zum reinen Vergnügen.

Tahoon® Cress
Herkunft: Himalaya
Geschmack: Wald, Bucheckern
Passt zu Wildgerichten, Käse
Verfügbarkeit: ganzjährig
Haltbarkeit: bis zu 10 Tage bei 2–4 °C

Herkunft:
Die Tahoon-Pflanze wächst auf der Nordseite des Himalaja. Im beginnenden Frühjahr sammeln Frauen unter Bäumen deren frisch gekeimte Sämlinge. In der dortigen lokalen Literatur wird beschrieben, dass diese jungen Triebe anregend für den Magen sind.

Geschmack und Verwendung:
Tahoon® Cress zeichnet sich durch einen intensiven Geschmack nach Bucheckern aus. Besonders gut passt dieses Produkt zu allen Arten von Käse, insbesondere Ziegenkäse. Tahoon® Cress macht sich gut in einem Salat, und selbst ein Eisbergsalat wird damit einmalig. Ein Dessert mit Tahoon® Cress war eine bemerkenswerte Überraschung: Stellen Sie aus Ziegenkäse eine Eiscreme her und dekorieren Sie diese mit Tahoon® Cress.

Atsina Cress
Herkunft: Nordamerika
Geschmack: süsser Anis, Lakritz
Passt zu Eis und Desserts
Verfügbarkeit: ganzjährig
Haltbarkeit: bis zu 10 Tage bei 2–4 °C

Herkunft:
Atsina Cress: Dieser Name geht auf einen Indianerstamm in Nordamerika zurück, der die Blätter dieser Pflanze für die Zubereitung eines süßlich schmeckenden Getränkes benutzte. Die Blätter wirken auch heilsam bei Atemproblemen.

Geschmack und Verwendung:
Das Blatt von Atsina Cress ist herzförmig und passt aufgrund seiner weichen Konsistenz besser zu Desserts als die „härtere" Minze. Atsina Cress schmeckt süß und eignet sich hervorragend für Desserts und zu Amuse.

ATSINA CRESS

Basil Cress
Herkunft: Italien
Geschmack: Basilikum
Passt zu Tomate/Mozarella, hausgemachtem Pesto, Salaten
Verfügbarkeit: ganzjährig
Haltbarkeit: bis zu 10 Tage bei 12–16 °C (nicht im Kühlschrank)

Herkunft:
Basil Cress gehört zu den bekanntesten mediterranen Kräutern. Basilikum, die „Königin der Kräuter", ist aber nicht nur in Europa bekannt: Ursprünglich kommt diese Pflanze aus Asien. Dort wird sie regional in der thailändischen sowie auch in der indonesischen Küche verwendet.

Geschmack und Verwendung:
Im Unterschied zu normal wachsendem Basilikum ist Basil Cress sehr jung, so dass die Triebe keine Chance haben, hölzern zu werden. Sie eignet sich deswegen sehr gut für hausgemachtes Pesto.

BASIL CRESS

Borage Cress
Herkunft: Mittlerer Osten
Geschmack: salzig, Austern, Gurken
Passt zu Fisch, Krustentieren, Garnelen, Sandwichs
Verfügbarkeit: ganzjährig
Haltbarkeit: bis zu 10 Tage bei 2–4 °C

Herkunft:
Der Name Borretsch kommt ursprünglich aus dem arabischen Raum und ist abgeleitet von „Abu Rache“: „Abu“ bedeutet Vater und „Rache“ bedeutet Schwitzen. Wenn Sie Fieber haben und Borretsch oder Borage Cress essen, wird offensichtlich das Fieber durch das Schwitzen gemindert oder verschwindet sogar.

Geschmack und Verwendung:
Borretsch gehört zu den sehr bekannten Kräutern. Normalerweise benutzen wir nur die Blüten oder die getrockneten Blätter, das ausgewachsene Blatt ist zu haarig. Borage Cress hat nur die guten Eigenschaften dieser wunderbaren Pflanze, so z. B. einen wunderbaren Gurkengeschmack. In Frankreich wird es sogar genutzt, um den Geschmack von Austern zu steigern. Der Spitzname dort ist „huîtres végétale“. Der Duft, den diese Pflanze ausströmt, ist sehr angenehm. Das Blatt ist weich und wellig. Borage Cress lässt sich sehr gut mit Fisch, aber auch mit Salat kombinieren. Ein Gericht, das uns überraschte, waren gedämpfte Muscheln mit dieser Kresse. Der salzige Geschmack in Verbindung mit dem frischen Borage Cress gibt dem Gericht eine besondere Note.

RucolaCress®
Herkunft: Ägypten
Geschmack: Nüsse
Passt zu Amuse, Salaten, Carpaccio
Verfügbarkeit: ganzjährig
Haltbarkeit: bis zu 10 Tage bei 2–4 °C

Herkunft:
Rucola ist eine der typischen mediterranen Zutaten, welche zur italienischen, griechischen, portugiesischen und spanischen Küche gehört. Heute können wir Rucola als globales Gemüse bezeichnen.

Geschmack und Verwendung:
Die RucolaCress® ist besonders stark im Geschmack. Sie kann gekocht sowie roh gegessen werden. Die extra feinen Blätter von RucolaCress® machen sie besonders geeignet für die Dekoration eines Gerichtes mit leichtem Geschmack, aber sie eignen sich auch für Salat und für ein Fisch- oder Fleischcarpaccio. Bei warmen Gerichten – zum Beispiel Pasta oder einer Sauce – sollten Sie RucolaCress® erst ganz am Schluss dazugeben.

Mustard Cress
Herkunft: Japan
Geschmack: Meerrettich, Wasabi
Passt zu (rohem) Fisch, japanischen Gerichten
Verfügbarkeit: ganzjährig
Haltbarkeit: bis zu 10 Tage bei 2–4 °C

Herkunft:
Mustard Cress ist ein traditionelles holländisches Produkt. Im Frühling sind die Felder nicht nur gelb vom Raps, sondern auch von Senfpflanzen. Die meisten Senfpflanzen werden heutzutage für Gründüngung verwendet. Aber die Felder für Koppert Cress und die für die Senfindustrie werden wegen der Samen geerntet.

Geschmack und Verwendung:
Die Senfart, die wir für Mustard Cress benutzen, zeichnen sich durch einen starken Geschmacke aus. Kartoffelbrei mit Butter bekommt durch Mustard Cress eine vollkommen neue Note. Und eine Senfsuppe wird niemals vollständig sein, wenn sie nicht mit Mustard Cress gekrönt wurde.

RUCOLACRESS®

MUSTARD CRESS

SHISO® GREEN

Shiso® Green
Herkunft: Korea
Geschmack: Minze, Anis
Passt zu rohem Fisch, Käse, japanischen Gerichten
Verfügbarkeit: ganzjährig
Haltbarkeit: bis zu 10 Tage bei 12–16 °C

Herkunft:
Shiso Green wird viel verwendet in Nordostasien. Kaum ein Fischgericht wird ohne dieses Gewürz gegessen. Einer der Gründe ist der präventive Effekt bei Lebensmittelvergiftungen (nicht die schlechteste Idee, wenn man bedenkt, dass der meiste Fisch in Asien roh verspeist wird). Beide Sorten, der grüne wie auch der rote Shiso, sollen gegen Lebensmittelvergiftungen wirken und die Darmtätigkeit anregen.

Geschmack und Verwendung:
Der Geschmack von Shiso® Green verbindet sich hervorragend mit (rohem) Fisch wie z. B. einem Thunfischtatar. Es passt auch sehr gut zu einem Käsegericht, zu Salat und zu einem Sandwich.

Daikon Cress®
Herkunft: Japan
Geschmack: Rettich
Passt zu (rohem) Fisch, Salaten, japanischen Gerichten
Verfügbarkeit: ganzjährig
Haltbarkeit: bis zu 10 Tage bei 2–4 °C

Herkunft:
Daikon Cress® ist berühmt in Japan. Der dort verwendete Name ist „Kaiware“. Gezogen wird Daikon Cress® in Japan aus einheimischen Radieschensamen, die zur selben Familie wie unsere runden roten Radieschen gehören. Gutes Saatgut ist entscheidend, damit die schnell wachsende Daikon Cress® gleichmäßig keimt.

Geschmack und Verwendung:
Daikon Cress® hat einen scharfen Rettichgeschmack. Sie ist eine kleine, aber kräftige Pflanze mit einem guten „Biss“. In Japan wird sie zu rohem Fisch, zu der berühmten Miso-Suppe und auch zu Salaten gereicht. Sie ist eine knackige Zugabe zu vielen Gerichten, zu denen auch Radieschen passen.

DAIKON CRESS®

OYSTER LEAVES

Oyster Leaves (Vegetarische Auster)
Herkunft: Hebriden, Nord-Schottland
Geschmack: salzig, nach Auster
Passt zu Fischgerichten
Verfügbarkeit: ganzjährig
Haltbarkeit: bis zu 1 Woche bei 2–4 °C

Herkunft:
Die Oyster Leaves kommen ursprünglich von den Küstengebieten Nordeuropas und Amerikas.

Geschmack und Verwendung:
Oyster Leaves haben einen etwas salzigen Geschmack, der stark an den Geschmack von Austern erinnert. Fischgerichten verleihen sie eine interessante Note. Vor dem Gebrauch müssen die Blätter lediglich abgespült werden.

PINOCCHIO LEAVES

MAJII LEAVES

Pinocchio Leaves – Pinienbaumnadel
Herkunft: Südafrika
Geschmack: Pinienbaumnadeln
Verwendung: Dekoration und geschmackvolle Zutat
Verfügbarkeit: ganzjährig
Haltbarkeit: bis zu 7 Tage bei 2–4 °C

Herkunft:
Pinocchio Leaves sind die schmackhaften Keimlinge eines speziell gezüchteten Pinienbaums.

Geschmack und Verwendung:
Pinocchio Leaves sind eine dekorative, sehr geschmackvolle Zutat mit dem Aroma der Pinie. Die feinen schirmförmigen Blätter machen jedes Gericht zu einer optischen Augenweide. Vom Geschmack her passt das vielseitige Blatt zu Fisch, Wild und Desserts.

Majii Leaves
Herkunft: Zentralafrika
Geschmack: knackig und saftig
Verwendung: als Träger verschiedener Aromen
Verfügbarkeit: ganzjährig
Haltbarkeit: bis zu 7 Tage bei 2–4 °C

Herkunft:
Majii Leaves sind die tropfenförmigen Blätter einer afrikanischen Sukkulente. Die Blätter dienen als Feuchtigkeitsspeicher für trockene Perioden. Darum der Name Majii, „Wasser" auf Suaheli.

Geschmack und Verwendung:
Aufgrund seiner Eigenschaft, Feuchtigkeit zu speichern, können dem Blatt zahlreiche Aromen zugefügt werden. Die Möglichkeiten sind so vielfältig wie die Kreativität des Küchenchefs.

BLUE OCEAN

Blue Ocean
Herkunft: Hebriden
Geschmack: süßlich, salzig, nach Auster
Verwendung: dekorative und schmackhafte Zutat für Fischgerichte
Verfügbarkeit: ganzjährig
Haltbarkeit: bis zu 1 Woche bei 2–4 °C

Herkunft:
Die Pflanze, von der Blue Ocean geerntet wird, stammt ursprünglich von den Küsten Nordeuropas und Amerikas.

Geschmack und Verwendung:
Blue Ocean ist die Blüte der Pflanze, die auch die Oyster Leaves liefert. Die rosa bis lavendelblaue Blüte ist sehr dekorativ. Ihr Geschmack beginnt zunächst süßlich und endet salzig, ähnlich wie die Oyster Leaves. Besonders bei der Verwendung in Fischgerichten bildet Blue Ocean eine besonders interessante optische Bereicherung und Geschmacksverstärkung.

Venus Vase
Herkunft: Tropischer Regenwald
Geschmack: nicht essbar
Verwendung: als natürliches Glas
Verfügbarkeit: ganzjährig
Haltbarkeit: bis zu 10 Tage bei 2–4 °C

Herkunft:
Die Venus Vase gehört zur Gruppe der Kannenpflanzen, die vor allem im Regenwald von Südostasien vorkommen. Insekten werden durch spezielle Duftstoffe angelockt und im Becher der Pflanze gefangen.

Verwendung:
Die Venus Vase ist ein „Glas" aus der Natur, mit dem Sie Ihre Gäste überraschen können. Verwenden Sie es für den Aperitif oder für Cocktails. Obwohl die Venus Vase nicht essbar ist, kann sie vollkommen unbedenklich zum Servieren von Getränken verwendet werden. Das Gefäß ist sogar so fest, dass es einige Male mit lauwarmem Wasser ausgespült und wieder verwendet werden kann.

VENUS VASE

APPLE BLOSSOM

Apple Blossom
Herkunft: Südostasien
Geschmack: frisch-sauer, grüne Äpfel
Verwendung: Dekoration, Amuse bouche, Obstsalate, Desserts
Verfügbarkeit: ganzjährig
Haltbarkeit: bis zu 7 Tage bei 2–4 °C

Herkunft:
Apple Blossom gehört zu einer großen Familie dekorativer Pflanzen aus Südostasien, allerdings sind nicht alle davon essbar. Apple Blossom wurde umfangreich getestet und als sicher eingestuft.

Geschmack und Verwendung:
Apple Blossom ist eine dekorative, herz- oder engelförmige, lachsfarbige Blume mit dem frisch-sauren Geschmack grüner Äpfel. Kreativ in Desserts und Cocktails verwendet, wird sie zur Überraschung, da die Farbe eine andere Geschmacksassoziation vermittelt.

Salicornia Cress
Herkunft: Küstengebiete in gemäßigten Breiten
Geschmack: salzig, knackig
Passt zu Fisch- und Schalentiergerichten
Verfügbarkeit: ganzjährig
Haltbarkeit: bis zu 10 Tage bei 2–4 °C

Herkunft:
Passe Pierre-„Algen“, lat. Salicornia europaea, auch Queller, Glaskraut oder Glasschmelz genannt.
Die hierzulande meist unter dem Namen Passe Pierre angebotenen grünen Pflanzen gehören biologisch nicht zu den Algen, sondern zu den Gänsefußgewächsen. Sie werden an Stränden verschiedener Gebiete geerntet und sind ein Saisonprodukt. Im Gegensatz zu der herkömmlich angebotenen Passe Pierre wird die Salicornia Cress ganzjährig in Gewächshäusern angebaut.

Geschmack und Verwendung:
Der saftige Stängel schmeckt herrlich nach frischem, sauberen Meer, ein Geschmack, der von dem salzhaltigen Pflanzensaft der Stammsukkulenten-Pflanze herrührt. Salicornia Cress ist besonders für Fischgerichte geeignet. Die Kresse kann vollständig verwertet werden.

SEA FENNEL

Sea Fennel – Meerfenchel
Herkunft: von den Küsten Europas
Geschmack: Spargel
Verwendung: zu Fisch- und Schalentiergerichten
Verfügbarkeit: April bis November
Haltbarkeit: bis zu 10 Tage bei 2–4 °C

Herkunft:
Eine (geschützte) Pflanze, deren Vorkommen sich von den Stränden des Schwarzen Meeres bis zur nordatlantischen Küste erstreckt.

Geschmack und Verwendung:
Zunächst haben die Blätter einen Geruch wie Bohnerwachs. Nach dem Blanchieren schmecken sie dann wie Spargel. Der Flüssigkeit von „Sea Fennel" sagt man übrigens eine abführende, entgiftende und die Verdauung fördernde Eigenschaft nach.

Dushi Button
Geschmack: süß, intensiver als Zucker, mit einer zarten Note von Minze und Thymian
Verwendung: überall wo ein Tröpfchen Honig oder Süße benötigt wird
Verfügbarkeit: ganzjährig
Haltbarkeit: bis zu 10 Tage bei 2–4 °C

Herkunft:
Dank der spanischen Entdecker, die die Pflanze schnell als süß und lecker erkannten, existiert sie schon seit Jahrhunderten in Europa. Da sie etwas Kampfer enthält, ist sie in konzentrierter Form nicht genießbar. Deshalb wird sie Ihnen auch nicht als Zuckerersatz begegnen, sondern nur in natürlicher Form. Die Namensgebung „Dushi" wurde durch die südamerikanische Herkunft der Pflanze inspiriert.

Geschmack und Verwendung:
Dushi Buttons sind sehr süß mit einem zarten Duft und leichtem Geschmack nach Minze. Schon ein Button sorgt in einem Dessert für eine Überraschung. Ein Genuss zu Eis, aber auch zu Ziegenkäse. Optisch passen sie hervorragend zu roten Früchten. Verstecken Sie den Button doch mal ganz oder zerbröselt in einem Produkt, besonders effektvoll in Marshmallows.

SHISO® LEAVES
GREEN & PURPLE

Shiso® Leaves Green
Herkunft: Korea
Geschmack: Minze, Anis
Passt zu rohem Fisch, Käse, japanischen Gerichten
Verfügbarkeit: ganzjährig
Haltbarkeit: bis zu 10 Tage bei 12–16 °C

Shiso® Purple
Herkunft: Japan
Geschmack: Kümmel
Passt zu Pilzgerichten, Wild(suppen), Käse, Spargel
Verfügbarkeit: ganzjährig
Haltbarkeit: bis zu 10 Tage bei 12–16 °C

Herkunft:
Sisho® wird in der asiatischen Küche sehr gerne verwendet – zum einen wegen der roten Farbe, zum anderen wegen der konservierenden Wirkung. So sind mit Sisho® konservierte Produkte leicht an der roten Farbe zu erkennen.

Geschmack und Verwendung:
Sisho® schmeckt vertraut und doch exotisch nach Kümmel. Mit diesem außergewöhnlichen Geschmack adelt es kräftige Gerichte, zum Beispiel mit Pilzen, Käse oder Wild, und ist zudem mit seiner purpurnen Farbe ein Augenschmaus.

ESSBARE „KARMA“ ORCHIDEE

Essbare „Karma“ Orchidee
Geschmack: frisch, knusprig, ähnlich wie Salat.
Passt zu Desserts, Salaten, Getränken und als Dekoration
Verfügbarkeit: ganzjährig
Haltbarkeit: bis zu 14 Tage bei 2–4 °C

Herkunft:
Karma Ochideen werden speziell für Koppert Cress in Thailand und den Niederlanden produziert. Verwechseln Sie andere Orchideen nicht mit den essbaren Karma Orchideen.

Geschmack und Verwendung:
Karma Orchideen haben einen frischen knusprigen Geschmack, ähnlich wie Salat. Sie sind eine hervorragende Dekoration und passen zu Desserts (Eiscreme mit Schokolade), Salaten, Getränken und vielem anderen mehr.

Sechuan Buttons
Herkunft: Südamerika, Afrika
Geschmack: prickelnd, elektrisch, betäubend
Passt zu Cocktails, Amuses, Desserts, Eiscreme
Verfügbarkeit: ganzjährig
Haltbarkeit: bis zu 14 Tage bei 2–4 °C

Herkunft:
Die Sechuan ist eine Pflanze, deren Ursprung auf Afrika und Südamerika zurückgeht, als diese beiden Kontinente noch miteinander verbunden waren. Heute dagegen wird sie nur noch in einigen Gebieten Afrikas verwendet.

Geschmack und Verwendung:
Der Genuss von Sechuan Buttons ist für einige Leute vergleichbar mit einem kleinen „elektrischen" Schock. Zunächst beginnen die Blütenteile auf der Zungenspitze zu prickeln wie Champagner. Dann entwickelt sich der Geschmack im Mund – zuerst macht sich eine Art taubes Gefühl an den Wangen bemerkbar, gefolgt von einer starken Speichelabsonderung. Hat man einmal diese ungewöhnliche Erfahrung gemacht, wird man sich gerne daran erinnern. Sie sollten sorgsam sein, wenn es um die Wahl von begleitenden Weinen geht.

SECHUAN BUTTONS

HEIKO ANTONIEWICZ

Seine ehemalige Lehrerin kann es bezeugen: Schon als Kind wollte der 1965 in Dortmund geborene Heiko Antoniewicz Koch werden. Nach seiner Ausbildung im Dortmunder Hotel „Lennhof" arbeitete Heiko Antoniewicz als Commis de cuisine im Aachener Restaurant „Gala" bei Gerhard Gartner. Danach war er stellvertretender Küchenchef im renommierten Essener Restaurant „Résidence" bei Uta und Berthold Bühler. 1990 wurde er zum „Koch des Jahres" gekürt und überzeugte im Jahre 2000 die kritische Jury der „Noilly-Prat-Trophy", aus der er als Gewinner hervorging. Weitere Meilensteine seiner Karriere waren 1988 das Menü für den damaligen Kronprinzen Harald von Norwegen, 2005 entwarf und kochte er das Menü für Queen Elisabeth II. bei ihrem Besuch in Berlin, und 2006 sorgte er für das leibliche Wohl der Bundeskanzlerin Angela Merkel und ihrer Gäste in Berlin.

1992 eröffnete er als Mitinhaber ART MANGER – der tafelservice. Schwerpunkt war die individuelle Ausrichtung von Veranstaltungen als Gesamtereignis für bis zu 1.200 Personen inklusive Mobiliar, Dekorationen und Servicepersonal. Sein gleichnamiges Restaurant wurde im Jahr 2001 mit einem Michelin-Stern ausgezeichnet. Hinzu kam von Anfang an das Angebot von Kochseminaren. Heute arbeitet er als selbstständiger Berater und Trainer, der in seinen Seminaren anderen etwas von dem vermittelt, was man nur schwer lernen kann: ein richtig guter Koch zu sein. Der „Magier der molekularen Küche" gibt sein Wissen in den Bereichen Molekulare Küche, Produktentwicklung und Qualitätsmanagement weiter. Als Koch aus Leidenschaft entwickelt er auch weiterhin neue und überraschende Foodkompositionen.

www.antoniewicz.org

TOMATEN-ESPUMA, MAISPOULARDE, AVOCADO

HEIKO ANTONIEWICZ

400 g Roma Tomaten
1/2 Bund Basilikum
1 kleine Zehe Knoblauch
1 Zweig Thymian
etwas Tomatenessig
Salz

80 g saure Sahne
2 gestrichene Portionslöffel Guarzoon

Tomaten, Basilikum, Knoblauch, Thymian, Essig und Salz mixen und durch ein Sieb laufen lassen. Den klaren Saft auffangen. Es sollen mindestens 200 Milliliter sein. Mit der sauren Sahne mixen, würzig abschmecken und das Guarzoon montieren. In einen iSi-Siphon füllen und mit einer Sahnekapsel begasen. Kalt stellen und bei Bedarf entnehmen.

4 Maispoulardenbrüste
6 Zweige Rosmarin
40 g Butter
etwas Geflügeljus
Basilikumspitzen

Die Haut von der Poularde lösen und zwischen zwei Silpat-Matten (oder Backpapier) legen. Beschwert im Backofen bei 160 °C rösten und trocknen. Die Poulardenbrust mit etwas Rosmarin in einen Vakuumbeutel geben und verschließen. Bei 56 °C im Wasserbad 40 Minuten garen. In steigender Butter anbraten und leicht salzen. Warm stellen und bei Bedarf in Scheiben schneiden.

1 reife Avocado
100 ml Gemüsefond
1 EL Avocadoöl
Salz
4 gestrichene Portionslöffel Agazoon

200 ml Tomatenconsommée
4 gestrichene Portionslöffel Agazoon

Spalten einer Avocado
Sisho Kresse
Tomatenrauten
Friséesalat
Olivenöl
Weißweinessig
Maldon Salz
getrocknete Tomatenschalen

Die Avocado mit dem Fond und Öl fein mixen. Würzig abschmecken und das Agazoon dazugeben. Einmal aufkochen und auf ein gewärmtes Kunststofftablett gießen. Auskühlen lassen.

Die Consommé mit dem Agazoon montieren und einmal aufkochen lassen. Abschäumen und auf die Avocado gießen. Kalt stellen. Bei Bedarf in 2 Zentimeter breite Streifen schneiden und aufrollen.

Die Avocado-Rolle und die Avocadospalten anrichten. Mit Öl und Essig marinieren. Die Rauten auflegen, Frisée arrangieren und mit der Kresse garnieren. Die krosse Haut in kleine Segmente brechen und darauf anrichten. Die Maispoulardenbrust aufschneiden und salzen. Mit etwas Jus, Friséesalat und Basilikum anrichten. Auf den Tomatenschalen den Espuma dressieren.

FLAVOUR PAIRING AVOCADO, TOMATE, RÄUCHERTEE

HEIKO ANTONIEWICZ

200 g vollreife Tomaten
etwas Weißweinessig
etwas Chiliöl
Maldon Sea Salt
2 gestrichene Portionslöffel Agazoon
100 g getrocknete Tomatenviertel
1 Avocado
1 EL Vinaigrette

Die Tomaten entsaften und mit Essig, Chiliöl und Salz würzig abschmecken. Mit dem Agazoon montieren und einmal aufkochen. Abschäumen und etwas abkühlen lassen. Eine rechteckige Form mit den Tomatenvierteln auslegen. Aus der Avocado Spalten schneiden und darauf platzieren. Mit dem Sud begießen und kalt stellen. Bei Bedarf zuschneiden, leicht salzen und mit der Vinaigrette bestreichen.

1 reife Avocado
100 ml Gemüsefond
1 EL Avocadoöl
Salz
4 gestrichene Portionslöffel Agazoon

Die Avocado mit dem Fond und Öl fein mixen. Würzig abschmecken und das Agazoon dazugeben. Einmal aufkochen und auf ein gewärmtes Kunststofftablett gießen. Auskühlen lassen. Bei Bedarf in 1,5 Zentimeter breite Streifen schneiden.

1 Avocado
1 EL saure Sahne
1 Spritzer thailändisches Chiliöl
1 Tl Limonenöl Agriverde
Salz
etwas Arganöl, ungeröstet

Alle Zutaten zu einer homogenen Masse mixen und würzig abschmecken.

50 ml Avocadoöl
100 ml Wasser Cavaillon-Melone
1 g Algin
500 ml stilles Mineralwasser
3 g Calcic
500 ml Stickstoff
Limonenabrieb

Das Avocadoöl in einer Silpat-Matte portionsweise einfrieren. Das Wasser der Melone mit dem Algin montieren und stehen lassen, bis alle Luftblasen entwichen sind. Das Mineralwasser mit dem Calcic verrühren und zur Seite stellen. Die Avocadohalbkugeln für maximal 10 Sekunden in Stickstoff tauchen und sofort in die Melonenlösung geben. Herausnehmen und den Vorgang wiederholen. Aus der Melonenlösung nehmen und in die Calciclake geben und dort eine Minute auftauen lassen. Herausnehmen und in Wasser spülen. Auf einem Blech weiter auftauen lassen. Vor dem Servieren mit dem Limonenabrieb belegen.

400 g Roma Tomaten
1/2 Bund Basilikum
1 Zweig Thymian
etwas Tomatenessig
Salz
2 Blatt Gelatine

Alle Zutaten mixen und durch ein Sieb laufen lassen. Den klaren Saft auffangen. Es sollen mindestens 200 Milliliter sein. Würzig abschmecken und die Hälfte auf 1 °C abkühlen. In der anderen Hälfte die Gelatine auflösen und mit einem Mixer auf höchster Stufe aufschlagen. Wenn die Masse kalt ist, den gekühlten Rest unterschlagen und die Masse umfüllen und kalt stellen.

300 ml reduziertes Tomatenwasser
1 Blatt Gelatine
30 Albumine Pulver
Salz

Das Tomatenwasser mit den weiteren Zutaten aufschlagen und kleine Macarons aufspritzen. Im Trockenofen bei 40 °C 6 Stunden trocknen lassen und beiseite stellen.

200 ml leichter Gemüsefond
3 g Thé de Tigre
1 g Iota
Salz
1 Stevia-Blatt

Den Gemüsefond aufkochen, Stevia-Blatt und den Tee dazugeben. Leicht salzen und auf 80 °C abkühlen lassen. Passieren und das Iota montieren. Einmal aufkochen und auf Eis zu einem Gel verrühren.

Tomatenrauten, mariniert
Tomatenhaut, getrocknet
Tomatenkerne
geröstete und gehackte Pinienkerne
Sisho Kresse
Friséesalat

Die Avocadocreme aufstreichen und das Avocadoöl platzieren. Die Avocadofolie auflegen. Den Riegel darauf platzieren. Den Schaum, Tomatenrauten, Tomatenkerne, Tomatenhaut, Friséesalat und Sisho Kresse auflegen. Die Pinienkerne darüberstreuen und mit etwas Vinaigrette beträufeln.

ANGELDORSCH, LORBEER, HEISSES GURKENGELEE, CHILISUD

HEIKO ANTONIEWICZ

200 g Supreme vom Angeldorsch
6 frische Lorbeerblätter
40 g Butter

1 kleine Schalotte, in feinste Würfel geschnitten
20 ml Weißwein
80 ml Krustentierfond
1 Zweig Lavendel
1 Zweig Minze
30 g Butter
1 Spritzer thailändisches Chiliöl
1 TL gezupfter Kerbel
Salz

400 ml Gurkensaft
10 Löffel Agazoon
1 TL Spinatmatte

4 Stück Brickteig 3 x 7 cm, gebacken
breite Zesten von Orangen
20 ml Balsamessigreduktion
30 g kleine Gurkenwürfel
Pinienkerne
Sisho Kresse
etwas Maldon Salz
etwas Pimentón

Den Angeldorsch putzen und in gleich große Segmente schneiden. Die Butter in einer Pfanne aufschäumen und mit den Lorbeerblättern auslegen. Kurz ziehen lassen und die Fischsegmente in der steigenden Butter von beiden Seiten 2 Minuten garen. Dabei immer wieder mit der Butter übergießen und leicht salzen. Den Fisch in der Pfanne an einem warmen Ort ruhen lassen. Bei Bedarf auf einem Küchentuch abtupfen und anrichten.

Die Schalotte in etwas Butter anschwitzen, salzen und dünsten. Mit Weißwein ablöschen und den Krustentierfond auffüllen. Den Lavendel dazugeben und auf die Hälfte reduzieren lassen. Die Minze zugeben und mit der Butter binden. Den Fond fein passieren. Mit Salz und Chiliöl abschmecken. Zum Schluss den gezupften Kerbel hinzufügen.

Den Gurkensaft mit dem Agazoon gut verrühren, bis sich das Pulver vollständig aufgelöst hat. Die Lösung unter Rühren kurz aufkochen, mit der Spinatmatte versetzen und in eine Form gießen. Kalt stellen und bei Bedarf zuschneiden.

Den Brickteig mit Butter einstreichen und im Ofen goldgelb backen. Mit Pimentón bestreuen und zur Seite stellen.

Die Orangenzesten im Hold-o-mat trocknen lassen und fein mahlen.

Den Angeldorsch anrichten und mit einem Lorbeerblatt garnieren. Das Gurkengelee unter dem Salamander anwärmen und anrichten. Mit der Balsamessigreduktion und Kresse garnieren. Die Gurkenwürfel leicht salzen und anrichten. Mit Pimentón garnieren. Mit dem montierten Chilisud umgießen und mit dem Orangenpuder bestreuen. Einige Pinienkerne arrangieren. Das Teigsegment auf dem Fisch platzieren und servieren.

KALBSRÜCKEN, SELLERIE, FLOWER POWER

HEIKO ANTONIEWICZ

500 g Kalbsrücken
1 Spritzer thailändisches Chiliöl
1 Spritzer Limonenöl
2 Stück Süßholz
Fleur de Sel
etwas Olivenöl zum Braten
30 g Butter

2 Schalotten
30 g Butter
300 g Knollensellerie
50 ml Sahne
2 EL geschlagene Sahne
1 Spritzer Zitronensaft

2 EL Traubenkernöl
1 EL erstgepresstes Biorapsöl
2 EL Holunderblütenessig
2 EL Kalbsfond
Borretschblüten
Kapuzinerkresse
Wildkräutersalat
Gänseblümchen

8 Scheiben Lomo Iberico
neue Kartoffeln, zu Chips verarbeitet
etwas reduzierter Kalbsjus als Sauce
etwas zerstoßener tasmanischer Pfeffer

Den Rücken parieren und binden. Mit den Ölen bestreichen. Ein Stück Süßholz in kleine Segmente schneiden und mit dem Fleisch in einen Vakuumbeutel geben. Soft vakuumieren und bei 58 °C Wassertemperatur 40 Minuten rosa pochieren. Bei Bedarf in etwas aufschäumender Butter mit dem restlichen Süßholz kurz bräunen und leicht salzen.

Die Schalotten in der Butter anschwitzen und leicht salzen. Sellerie schälen, in den Thermomix mit den glasierten Schalotten geben und kurz auf Stufe 10 mixen. Mit der Sahne aufgießen und 8 Minuten bei 80 °C Stufe 4 zu einer homogenen Masse verarbeiten. Mit Zitronensaft und Salz abschmecken. Zum Schluss die geschlagene Sahne kurz unterrühren und das Püree schaumig schlagen.

Aus Ölen, Essig und Fond eine Vinaigrette rühren und würzig abschmecken.

Den Kalbsrücken aufschneiden und auf dem Selleriepüree anrichten. Die Blüten zupfen und mit dem Wildkräutersalat arrangieren. Leicht mit der Vinaigrette marinieren. Den Lomo auf dem Kalbsrücken anrichten und mit tasmanischem Pfeffer bestreuen. Mit Jus umgießen und Kartoffelchips anlegen.

FILIGRANE KOMPOSITION NILS HENKEL

Viele Jahre kochte Nils Henkel an der Seite von Dieter Müller. Zuletzt als zweiter Küchenchef des Gourmetrestaurants im Schlosshotel Lerbach. Schließlich überreichte der Altmeister den Kochlöffel ganz und gar an seinen Meisterschüler. Die drei Sterne des Restaurants standen nie in Frage. Nils Henkel hatte zwischenzeitlich einen ganz eigenen und unverwechselbaren Stil entwickelt. Dieser zeichnet sich durch filigrane Kompositionen, die mit großer Präzision, Fleiß und Talent erarbeitet werden, aus. „Einen Nils Henkel Teller erkennt man auf Anhieb", lobte respektvoll, schon vor vielen Jahren, sein Kollege Harald Wohlfahrt. Nils Henkel zählt heute zu der Riege junger Küchenchefs, die mit großem Wissen in Bezug auf Kochtechniken, seien es fundamentale oder neue, und tiefer Produktkenntnis stetig nach dem kreativen Frontend der Kochkunst suchen. Dabei wird gerade bei ihm die Liebe zum Detail und zum Einsatz regionaler Produkte deutlich. Seine Kompositionen spielen oft mit kleinen Provokationen. Säure, Schärfe, Bitterstoffe kommen zum Einsatz, beeinträchtigen aber nie die Harmonie der Aromen.

Der Mensch Nils Henkel wirkt stets ruhig, freundlich und besonnen. Gute Manieren prägen seine Persönlichkeit. Hat man das Glück, sein Elternhaus in Hohwacht an der Ostsee kennen zu lernen, wird klar, was ihn geprägt hat. Hier oben im Norden begann er auch seine Ausbildung. Das „Voss-Haus" in Eutin, das „Landhaus Scherrer" in Hamburg und der westfälische „Averbecks Giebelhof" waren seine Stationen. Vergleichsweise ruhig und ohne ganz große Stationen waren seine Wanderjahre, bedenkt man, dass er heute in der Reihe der 40 besten Köche weltweit steht.

www.schlosshotel-lerbach.de

SAVARIN VON SCHNECKEN UND KALBSBRIES, WILDKRÄUTERSALAT, VINAIGRETTE VON JOSELITO-SCHINKEN

NILS HENKEL

Rezept für 4 Personen

48 Schnecken, Petit Gris
1 l heller Kalbsfond
1 Knoblauchzehe
2 Zweige Thymian
100 g Kalbsbries, gewässert
80 g Kalbfleisch
80 g Sahne
1 EL Brennnesselpüree
Salz und Pfeffer aus der Mühle

4 Savarinförmchen
Butter für die Förmchen

Vinaigrette von Joselito-Schinken:
200 ml klarer, kräftiger Fond von Schinkenknochen
1 Msp. Xanthan
100 g Joselito-Schinken
1 EL Apfelwürfelchen (Granny Smith)
Apfelessig und fruchtiges Olivenöl

Wildkräutersalat:
nach Belieben: Frisée, Rucola, Pimpinelle, Verveine, Estragon, Koriander, Bronzefenchel, Basilikum, Süßdolde, Zitronenthymian, Schnittlauch, Minze, Kapuzinerkresse, Borretschblüten, Jasminblüten, Tagetes, Oreganoblüten
2 EL Salatvinaigrette
Brotcroûtons in Spitzen und Würfelchen

Die Schnecken in kochendem Wasser 2 Minuten blanchieren, dann mit einer Pinzette aus den Häusern ziehen und den Innereiensack entfernen. Die Schnecken im Kalbsfond mit der Knoblauchzehe und Thymian 50–60 Minuten köcheln lassen, bis die Schnecken weich und zart sind.

Das Kalbsbries mit Salz und Pfeffer würzen und in Olivenöl von allen Seiten anrösten, dann kalt stellen.

Das Kalbfleisch mit der Sahne separat ins Gefrierfach stellen und, wenn beides leicht angefroren ist, zu einer geschmeidigen Farce pürieren. Das Brennnesselpüree unterheben und durch ein Sieb streichen. Das Kalbsbries würfeln und unterheben, ebenso 16 der Schnecken. Die Farce mit Salz, Pfeffer und gehackten Kräutern abschmecken.

Die Savarinförmchen ausbuttern. Die Farce mit einem Spritzbeutel ohne Luftlöcher einfüllen. Vor der Zubereitung etwa 15 Minuten im Kühlschrank ruhen lassen und dann bei 85 °C etwa 8 Minuten im Dampfofen garen und kurz abkühlen lassen. Die Savarins aus den Formen lösen.

Für die Schinken-Vinaigrette den Schinkenfond mit Xanthan binden, mit den Apfelwürfelchen verrühren und mit Apfelessig, Olivenöl, Salz und Pfeffer abschmecken. Den Schinken hauchdünn aufschneiden, im Ofen bei 60 °C etwas antrocknen lassen und dann in sehr feine Würfel schneiden. Diese erst kurz vor dem Servieren in die Vinaigrette rühren.

Zum Anrichten die Savarins in tiefe Teller setzen und jeweils 8 warme Schnecken darauf platzieren. Dann den marinierten Kräutersalat mit den Croûtons in der Mitte anrichten. Die Vinaigrette um den Savarin herumgießen und mit Croûtons bestreuen.

Rezept für 4 Personen

12 Gillardeau-Austern
8 Minilauchstangen
4 Scheiben Lardo (italienischer Speck)
40 g Imperialkaviar
Traubenkernöl
Salz und Pfeffer

Marinierte Rote Bete:
2 mittelgroße Knollen Rote Bete
100 ml Rote Bete-Saft
40 ml Rotweinessig
20 g Zucker
10 Pfefferkörner
1/2 TL Aniskörner
1/2 TL Senfsaat
Salz
Obstessig

Garnitur:
Austernkraut mit Blüten
Lauchstroh

Die Austern öffnen und säubern. Das Austernwasser durch ein Tuch in eine kleine Sauteuse gießen. Den Fond aufkochen, die 12 Austern hineingeben und vorsichtig schwenken. Die Austern sollen nur leicht angegart sein. Die Lauchstangen

POCHIERTE AUSTERN MIT MARINIERTER ROTE BETE, IMPERIALKAVIAR UND AUSTERNKRAUT

NILS HENKEL

putzen, auf gleiche Länge zuschneiden. Kurz in Salzwasser blanchieren und in Eiswasser abschrecken. Die Lauchstangen mit Salz, Pfeffer, etwas Austernwasser und Traubenkernöl marinieren. Die Speckscheiben langsam im Ofen trocknen und in je zwei Dreiecke schneiden.

Die Rote Bete in Salzwasser mit etwas Obstessig kochen. Schälen und auskühlen lassen. Anschließend in Scheiben schneiden und Kreise (6 Zentimeter Durchmesser) ausstechen. Den Rote Bete-Saft mit Essig, Zucker und Gewürzen aufkochen und lauwarm auf die Rote Bete-Scheiben gießen. Etwa 12 Stunden marinieren. Von der Marinade einen kleinen Teil mit Pektin oder Alginat leicht binden und kalt stellen.

Zum Anrichten jeweils fünf abgetropfte Rote Bete-Scheiben in Reihe auf Tellern anrichten und mit der gebundenen Marinade, Salz und Pfeffer leicht würzen. Den Lauch längs auflegen und in der Mitte je 3 Austern platzieren. Den Kaviar auf die Austern verteilen und mit dem Speck, dem Austernkraut samt Blüten und Lauchstroh fertigstellen. Mit einem Pinsel die leicht gelierte Rote Bete-Marinade auftragen und servieren.

AUSTERN MIT KANDIERTEN WACHTELEIERN, TABOULE, LORBEERJUS MIT YUZU

NILS HENKEL

Rezept für 4 Personen

12 Gillardeau-Austern
12 Wachteleier
Salz und Pfeffer aus der Mühle
Cassonade-Zucker

Lorbeerjus mit Yuzu:
1 Schalotte
5 Bockshornkleesamen
20 ml Olivenöl
300 ml dunkler Geflügelfond
3 Lorbeerblätter
Yuzu-Essig (oder Yuzu-Saft)

Taboulé:
125 g Geflügelfond
1/2 Stange Zitronengras
Limonenblatt
1 Spritzer Weißwein
100 g Couscous, mittelgrob
10 g Butter
1 TL Zuckerschotenwürfel
1 TL Ofentomatenwürfel
1 EL Olivenöl
1 EL gehackte Kräuter (Petersilie, Minze und Koriander)
1/4 TL Ras el-hanout
Salz, Pfeffer
Arganöl

Garnitur:
4 Zitronenchips
4 Geleewürfel von konfierten Zitronen
Kräuteröl

Die Austern öffnen und auf Küchenkrepp trockenlegen. Die Wachteleier öffnen und ohne Schale in eine Schüssel geben.

Für den Lorbeerjus mit Yuzu die Schalotte klein schneiden und mit Bockshornkleesamen in Olivenöl anschwitzen. Den Geflügelfond und die in Streifen geschnittenen Lorbeerblätter zufügen und langsam um die Hälfte einkochen. Die Sauce mit Salz, Pfeffer aus der Mühle und Yuzu aromatisch und leicht säurebetont abschmecken und durch ein feines Sieb passieren.

Für das Taboulé den Geflügelfond mit Limonenblatt und klein geschnittenem Zitronengras und 1 Spritzer Weißwein in einem Topf aufkochen. Den Couscous in eine flache Schüssel geben und den kochenden Fond durch ein Sieb daraufgießen. Die Schüssel mit einem Deckel verschließen und etwa 15 Minuten ziehen lassen, bis der Couscous den Fond aufgenommen hat. Den Couscous mit einer Gabel auflockern und die Butter unterheben. Die Zuckerschoten in Olivenöl anschwitzen und mit den Ofentomatenwürfeln und den Kräutern unter den Couscous mischen. Das Taboulé mit Ras el-hanout, Salz, Pfeffer und einigen Tropfen Arganöl abschmecken.

Anrichten: Die Wachteleier in siedendem Essigwasser etwa zwei Minuten pochieren. Die Eier aus dem Wasser nehmen und auf Küchenkrepp trockenlegen. Die Austern in heißem Olivenöl etwa eine Minute sautieren. Das Taboulé in einem Ring in der Tellermitte anrichten. Die Wachteleier mit Cassonade-Zucker bestreuen und mit einer Lötlampe karamellisieren. Je drei Austern und drei Eier um das Taboulé platzieren und den Lorbeerjus dazwischen gießen. Mit Zitronenchips, Zitronengelee und Minzöl servieren.

BEST OF THE BEST
JOACHIM WISSLER

Seine Kollegen wählten ihn zum Besten der Besten. Einen größeren Adelsschlag kann man als Küchenchef wohl nicht bekommen.

Er war einer der ganz Jungen im Olymp der Köche. Denn er hat es früh zu drei Michelin-Sternen gebracht. Dazu gehört so einiges an Talent, Ehrgeiz, Geschäfts- und Geschmackssinn, aber auch jahrelange Übung. Joachim Wissler suchte sich jedoch schon als Teenager die richtigen Lehrmeister aus: Er stammt aus einer Gastronomenfamilie, die Ausbildung zum Koch absolvierte er im Hotel Traube Tonbach in Baiersbronn, jedoch nicht bei Harald Wohlfahrt, wie gerne behauptet wird. Eine Zeitlang kochte er danach in verschiedenen Restaurants im Badischen. 1988 machte er seinen Küchenmeister. 1991 übernahm er als Küchenchef das Regiment im Restaurant Marcobrunn auf Schloss Reinhartshausen im Rheingau.

Der Startschuss für den Sprint einer steilen Kochkarriere: 1993 zeichnete ihn der Guide Michelin mit seinem ersten Stern aus, bereits zwei Jahre später verlieh man ihm den zweiten. Als Gourmet-Hotelier Thomas Althoff 2000 sein Grandhotel Schloss Bensberg in Bergisch Gladbach eröffnete, holte er Joachim Wissler mit ins Boot. Innerhalb der ersten zwei Jahre erkochte er für das hauseigene Restaurant Vendôme zwei Sterne. Auch der Gault Millau adelte ihn: Anfangs waren es noch 18, dann 19 Punkte. Im Jahr 2004 wurde Wissler jüngster Drei-Sternekoch Deutschlands. Und das hat seine Gründe: Er liebt die Klarheit der Aromen und verbindet Gegensätzliches auf raffinierte Weise. Wissler kombiniert gehobene französische Küche mit regionalen Einflüssen. Für ihn beginnt die Kochkunst bei seinen Produkten: So belegt Wissler, dass bäuerliche Erzeugnisse aus regionalem Anbau neu durchdacht eine tragende Rolle in der Top-Gastronomie spielen können, wie z. B. ein Schweinekinn oder eben unsere Bachforelle.

www.schlossbensberg.com

ANGERÄUCHERTE BIO-BACHFORELLE IN RAPSÖL POCHIERT, WÜRZIGE SALATE UND BLÜTEN, GEEISTER JOGHURT-MEERRETTICHTRÜFFEL

JOACHIM WISSLER

Rezept für 4 Personen

2 Bio-Bachforellen à 350 g
40 g Buchenholzsägemehl
8 Wacholderbeeren, zerdrückt
3 frische Lorbeerblätter, zerdrückt
400 ml Rapsöl
1/2 Bund Basilikum
50 g schwarze Sesamsamen

Geeister Joghurt-Meerrettichtrüffel:
3 Blatt Gelatine
300 g Joghurt
70 g Meerrettich aus dem Glas
1/2 g Xanthan
Abrieb von 1/2 Zitrone
Salz, gemahlener Cayennepfeffer
15 g Joghurtpulver, gefriergetrocknet
15 g Joghurtgranulat, gefriergetrocknet

Maldon Sea Salt
50 g Saiblingskaviar
Quitten-Balsamessig
Würzige Blüten und Blätter z. B. gelbe Senfsalatblätter, französischer Roquette, Magenta Melde, Hirtentäschel, Sauerklee, Eisbegonienblüten, Gelbsenfblüten, Dillblüten, Korianderblüten, Borretschblüten, Salatraukeblüten, Gewürztagetesblüten

Die Forellen filetieren und restliche Gräten entfernen. Die Haut mit einem flexiblen Messer vorsichtig und möglichst zusammenhängend von den Filets herunterschneiden. Gräten, Parüren und Haut aufbewahren. Die Filets auf Buchenholzsägemehl mit gestoßenem Wacholder und Lorbeerblättern 4 Minuten räuchern. Die Filets anschließend in Klarsichtfolie eingewickelt 2 Stunden durchkühlen. Die Basilikumblätter und wenig Rapsöl mit einem Pürierstab kurz mixen. Die schwarzen Sesamsamen ebenfalls mit wenig Rapsöl fein mixen und passieren. Beide Öle kalt stellen.

Für den Meerrettichtrüffel eingeweichte Gelatine ausdrücken und erwärmen, bis diese zerfließt. Joghurt, Meerrettich, Xanthan und Zitronenabrieb zugeben und mit Salz und Cayennepfeffer würzen. Durch ein feines Sieb passieren und im iSi-Spender, der mit 2 Druckluftpatronen versetzt wurde, bereithalten.

Den Joghurt-Espuma in kleine Halbkugelformen füllen und 2 Formen aufeinandergelegt einfrieren. Die gefrorenen Kugeln im Kühlschrank zirka 10–15 Minuten auftauen lassen und kurz vor dem Anrichten im Joghurtpulver und anschließend im Joghurtgranulat wälzen.

Das aromatisierte Basilikum- und Sesamöl in Punkten auf den Tellern platzieren und dazwischen mit Rapsöl dünne Streifen ziehen.

Die angeräucherten Forellenfilets in 45 °C warmem Rapsöl glasig garen.

Salatblätter und Blüten filigran auf den aromatisierten Ölen anrichten. Die Blüten und Blätter mit wenig Quitten-Balsamessig aus dem Essigzerstäuber bestäuben. Dazwischen die Forellenfiletstücke legen und mit Saiblingskaviar und Maldon Sea Salt würzen. Joghurt-Meerrettichtrüffel platzieren.

14

EIN HAUCH ITALIEN CORNELIA POLETTO

Sympathisch, talentiert, intelligent und hübsch – das ist Cornelia Poletto. Und kochen kann sie auch noch. Und wie. Schließlich ist sie eine der ganz wenigen Sterneköchinnen auf der Welt. Die gebürtige Hamburgerin ist Tochter eines Medizinprofessors. Und so lag es nahe, dass sie eigentlich Tierärztin werden wollte. Da die Mathematiknoten nicht ganz mitspielten, besann sie sich auf eines ihrer großen Talente: das Kochen. Heinz Winkler bildete sie aus, und im Hamburger Sternerestaurant Anna & Sebastiano erlernte sie als Sous-Chefin die Raffinessen der italienischen Kochkunst. Dann folgte die Selbstständigkeit. In ihrem Hamburger Restaurant Poletto bietet sie eine mediterran inspirierte Küche an, die sich durch Leichtigkeit, Frische und gute Produkte auszeichnet. Insbesondere die italienischen Akzente ihrer Aromenwelten verraten ihre große Liebe zu diesem Stil und zum Kochen selbst.

Das Restaurant ist hell, lichtdurchflutet und von warmen Farben geprägt. Diese Wohlfühlatmosphäre wird durch den familiären Charakter, verbreitet durch das Personal und Cornelia Poletto selbst, deutlich unterstützt.

Neben dem Restaurant liegt die Kochschule. Hier kann man in lockerer Atmosphäre lernen, wie Poletto zu kochen. Oder man schaue sich ihre Kochsendungen im Fernsehen an. Denn dort ist sie regelmäßig zu Gast in Kochshows und hat im NDR Fernsehen gar ihre eigene Sendung. Zudem ist sie Autorin mehrerer Kochbücher.

www.poletto.de

MINESTRONE DI POLLO – HÜHNEREINTOPF MIT SALSA VERDE

CORNELIA POLETTO

Rezept für 4 Personen

1 Mieral Bresse-Poularde, zirka 1,5 kg
1 Bund Suppengrün
1 Gemüsezwiebel
200 ml Weißwein
etwa 3 l Geflügelbrühe
2 Lorbeerblätter
je 2 Zweige Thymian und Petersilie
10 Pfefferkörner
1 Nelke
3 Pimentkörner

8 Stangen weißer Spargel
1 Bund grüner Spargel
6 Stangen Staudensellerie
100 g gepalte Erbsen
100 g gepalte Saubohnen
8 Fingermöhren
Fleur de Sel
1 Bund Kerbel

Salsa Verde

Die Bresse-Poularde ausnehmen und waschen. Die Suppengemüse putzen und waschen. Die Gemüsezwiebeln halbieren und mit den Schnittflächen auf einem Stück Alufolie dunkel bräunen.

Den Weißwein mit der Geflügelbrühe, dem Suppengemüse, den Zwiebeln, Kräutern und Gewürzen in einen Topf geben und aufkochen. Die Bresse-Poularde hineingeben und bei niedriger Temperatur, kurz unter dem Siedepunkt, zirka 45–60 Minuten gar ziehen lassen.

In der Zwischenzeit den weißen Spargel ganz und beim grünen Spargel nur die Enden schälen. Den Staudensellerie schälen und Fäden ziehen. In schräge Stücke von zirka 3 Zentimeter Länge schneiden. Die Erbsen und Saubohnen blanchieren, in Eiswasser abschrecken und von den Saubohnen die dünne Haut entfernen. Die Fingermöhren schälen. Die restlichen Gemüse in Salzwasser bissfest kochen und in Eiswasser abschrecken.

Die fertige Bresse-Poularde aus dem Fond heben und tranchieren. Den Fond durch ein Spitzsieb passieren und in den Topf zurückgeben. Eventuell mit Fleur de Sel abschmecken. Die Gemüse- und Hühnerteile zurück in den Fond geben, erhitzen und mit Kerbelblättchen garnieren.
Mit Salsa Verde servieren.

VICTORY. SIEG DER KREATIVITÄT. VOLKER DRKOSCH

Einst zählte man ihn zu den jungen Wilden. Seine Kompositionen waren mutig und absolut neu. Zum kreativsten Koch Deutschlands wurde er gekürt. Er experimentierte mit Heiß-Kalt-Kombinationen, kreierte Eis aus Gemüse und unzählige Shooter. Das brachte ihm zunächst in Berlin den begehrten Michelin-Stern ein und kurz nach dem Wechsel ins Frankfurter Brick folgte ihm dieser.

Bedingt durch einen Betreiberwechsel kehrte Volker der Restaurantszene zunächst den Rücken. Im Hofgut Wiekstadt vor den Toren Frankfurts eröffnete er sein Kochatelier. Landleben mit der Familie in idyllischer Umgebung war angesagt. Der eigene Kräutergarten neben dem Haus versorgte das kleine Atelier mit Aromen. Es kamen Gäste zum Chef Table, zu Kochkursen oder zu kleinen Feierlichkeiten.

Doch als kreativer Koch der Szene fern zu bleiben zerrt an der Seele. So waren denn alle froh, als Volker die Position des Küchenchefs im Navette, COLUMBIA Hotel Rüsselsheim annahm und in die große Welt der Haute Cuisine zurückkehrte. Volker zeigte hier eine Küche auf allerhöchstem Niveau. Sie war reifer geworden, produktorientiert, weniger experimentell, aber doch voller Ideen. An Kreativität hatte sie nichts verloren. Heute ist Volker Küchenchef im legendären Sternerestaurant Victorian nahe der Düsseldorfer Königsallee. Das Restaurant ist eine kulinarische Legende, über dem immer noch der Geist des einstigen und legendären Küchenchefs Günter Scherrer schwebt. Dessen Spuk hat bislang allen Nachfolgern das Leben schwer gemacht. Aber Volker kommt hier sichtlich gut zurecht. Das ist der Sieg der Kreativität.

www.restaurant-victorian.de

ROSA GEBRATENE WÜRFEL VOM IRISCHEN ENTRECOTE MIT ASIATISCHER MARINADE, RADIESCHEN UND KLEINEM KRESSESALAT

VOLKER DRKOSCH

Rezept für 4 Personen

12 Würfel à 40 g irisches Entrecote
6 Radieschen
8 kleine Schalotten
3 EL Himbeeressig von Gölles
60 g Butter

3 verschiedene Kressesorten
Greenpeez®, Sakura Cress, Rock Chives®, Limon Cress, BroccoCress®
20 ml Sushi-Essig
40 ml Avocadoöl
20 ml Erdnussöl
Zucker

Asia-Marinade:
200 ml dunkle Sojasauce
300 ml Teriyaki-Sauce für Fleisch
200 ml Bone Sucking Teriyaki-Sauce
400 ml Sweet Chili Sauce
1/2 Bund Koriander
4 Knoblauchzehen
50 g Ingwer
6 Schalotten

Für die Asia-Marinade alle Zutaten miteinander vermischen. Am besten im Vakuumbeutel zwei Tage ziehen lassen und dann durch ein feines Sieb passieren.

Die ungewürzten Rinderwürfel scharf in einer Grillpfanne oder direkt auf dem Grill anbraten und bei Zimmertemperatur 30 Minuten in die Marinade einlegen. Anschließend die marinierten Stücke auf einem Gitterrost im Ofen bei 100 °C (Ober- und Unterhitze) rosa garen. Während des etwa 10-minütigen Garprozesses die Würfel immer wieder mit der Würzsauce einpinseln.

Parallel dazu die grob gewürfelten Radieschen in einem Drittel der Butter vorsichtig erwärmen und leicht zuckern. Falls die Radieschen zu wenig eigene Flüssigkeit haben, etwas Mineralwasser angießen und dann bissfest schmoren. Zum Schluss mit dem Himbeeressig ablöschen und das süßsaure Gemüse am Herdrand lauwarm halten. Die Schalotten schälen, achteln und die einzelnen Segmente in der restlichen Butter mit leichter Farbe weich schmoren und ebenfalls warm halten.

Für das Dressing 100 Milliliter Asia-Marinade mit Sushi-Essig und den beiden Ölen vermischen.

Zum Anrichten die rosa gebratenen Entrecote-Würfel ein letztes Mal mit Asia-Marinade bestreichen, abtropfen lassen und in einer Linie anrichten. In die Zwischenräume jeweils zwei Segmente der geschmorten Schalotten setzen. Die lauwarmen marinierten Radieschen locker auf dem Teller verteilen.
Die verschiedenen Kressesorten sortenrein auf jeweils einem Fleischstück dekorativ anrichten. Die Kresse vor dem Anrichten mit der Asia-Marinade nur vorsichtig benetzen, da sie sonst sehr schnell weich wird und an Aroma verliert.

SHOOTINGSTAR MASSIMO BOTTURA

Der Wettbewerb „The World's 50 Best Restaurants", unterstützt von San Pellegrino. Sein Restaurant war im Jahr 2009 der höchste Neuzugang. Auf Anhieb schaffte es die Osteria Francescana aus dem italienischen Modena auf Platz 13. Sensationell. Eigentlich aber ist der Inhaber und Küchenchef Massimo Bottura ein Spätstarter. Zwar erhielt er schon 2002 den ersten Michelin-Stern und 2005 den zweiten, aber lange erkannte man in seinen Kreationen seine Lehrmeister Ducasse oder Adrià. Erst in letzter Zeit konnte er sich lösen und seinen ganz individuellen Stil finden. Und der ist sensationell. Er versteht es perfekt, Bodenständiges in avantgardistischer Manier umzusetzen. Kalbszungen quellen aus schwarzen Meteoriten. Und ein Teller mit kulinarischem Schnee schmilzt langsam vor dem Gast und gibt das darunter liegende Grün, die Ingredienzen, frei. Seine Gerichte sind wie ein Spaziergang durch die Natur. Es gibt viel zu entdecken. Frisches Gemüse, trockene Pilze, Kräuter, Obst, Schäume und Schnee. Köstliches in verschiedenen Aggregatzuständen und Temperaturen. Ganz große Kochkunst. So ästhetisch wie die Gerichte selbst ist auch sein Restaurant eingerichtet. Der kunstsinnige Chef dekorierte hier Skulpturen, Designstücke, Fotografien und Gemälde und schafft so das passende Ambiente zu seinen vergänglichen Kunstwerken.

www.osteriafrancescana.it

GARTEN (ORTO)

MASSIMO BOTTURA

Püree von Bohnen, Linsen und Kichererbsen (für Eis):
50 g Bohnen
50 g Linsen
50 g Kichererbsen
1 TL Akazienhonig
grobes Meersalz
2 Tomaten
1 Zweig Rosmarin
1 TL Kaffeehonig
weißer Pfeffer, Salz

Erbsenkrokant:
150 g tiefgekühlte Erbsen
20 g Puderzucker
25 g Isomalt
10 g Traubenzucker

Karotten, Radieschen und Spargel unter Vakuum gekocht:
4 Karotten
6 Radieschen
4 Stangen Spargel
Zuckersirup

Karamellisierte Cheerios:
200 g Cheerios
130 g Zucker
Wasser

Joghurt und Chlorophyll:
100 g Spinat
100 g Mangold
250 g Joghurt

Pinienkeks:
100 g Mehl
100 g gemahlene Pinienkerne
100 g Butter
100 g Rohrzucker

Salsa von Rote Bete und Zitronengras:
250 g Rote Bete
1 Bund Zitronengras
Zuckersirup
Kartoffelpulver

Sesamblätter, Kresse und Sprossen, Petersilie, schwarzer Trüffel, Herztomaten

Für das Püree die Hülsenfrüchte über Nacht in Wasser einweichen. Am nächsten Tag die Bohnen mit Wasser, Akazienhonig und grobem Meersalz, die Linsen mit Wasser, Salz und in Würfel geschnittenen Tomaten und die Kichererbsen mit Wasser, Salz, Rosmarin, Kaffeehonig und weißem Pfeffer kochen. Wenn sie gar sind, getrennt in den Thermomix geben und danach durch ein Spitzsieb streichen. Jedes Püree in einen Behälter des Pacojets geben und bei -26 °C pacossieren. Fein pürieren und nochmals durchrühren.

Für den Erbsenkrokant alle Zutaten bei 85 °C fünf Minuten in den Thermomix geben, durchsieben und auf einer Backmatte ausstreichen.

Die Karotten der Länge nach vierteln und dann in Scheiben schneiden. Radieschen und Spargel in hauchdünne Scheiben schneiden. Die geschnittenen Gemüse mit Zuckersirup vakuumieren und bei 75 °C 15 Minuten kochen.

Für die Cheerios den Zucker mit wenig Wasser karamellisieren lassen, bei 125 °C die Cheerios hinzufügen. Topf vom Herd nehmen und Cheerios unterrühren, danach auf eine Backmatte geben. Den Topf auswaschen, die Cheerios wieder hineingeben und bei schwacher Hitze so lange rühren, bis sie die gewünschte Farbe angenommen haben. Anschließend die Cheerios wieder auf die Backmatte geben. In einem luftdicht verschlossenen Gefäß aufbewahren und bei Bedarf zerkrümeln.

Für Joghurt und Chlorophyll das Chlorophyll aus Spinat und Mangold extrahieren und mit fettreichem Joghurt vermischen.

Für die Pinienkekse die Zutaten zu einem Teig verarbeiten und bei 170 °C 10 Minuten backen.

Für die Salsa die Rote Bete in feine Würfel schneiden, Zitronengras zerdrücken. 100-prozentigen Zuckersirup unterrühren. Unter Vakuum in den Roner geben und bei 75 °C eine halbe Stunde kochen. Abgießen und mit Kartoffelpulver in einer Kupferkasserolle unter kräftigem Rühren binden. Anschließend abgießen und abkühlen lassen.

KONSEQUENT GEMÜSE ALAIN PASSARD

Er ist einer der wenigen Köche weltweit, die es mit einer konsequenten, avantgardistischen Haltung zu Weltruhm gebracht haben. Mit 26 Jahren erhielt Passard bereits zwei Michelin-Sterne im „Le Duc d'Enghien" am Pariser Stadtrand. Im Jahre 1986 kaufte er dann das Restaurant „L'Archestrate" unweit des Invalidendoms mitten in Paris. Die ersten begehrten Michelin-Sterne kamen schnell und 1996 schließlich folgte auch der dritte.

Im Jahre 2001 wartete Alain Passard aber dann mit einer noch größeren Sensation auf. Er verkündete, dass sich seine Küche ganz auf Gemüse und Kräuter konzentrieren wolle. Ein Raunen ging durch die fleischverliebte, französische Gourmetszene. Passards Ideen waren schwer vorstellbar und wurden attackiert. Als PR-Gag bezeichnete es die Presse und als blasse Marketingmaßnahme. Passard selbst hielt fest an dem Konzept und machte klar, dass es ihm wirklich um die kulinarischen Aspekte seiner neuen Küche ging, nicht um PR und schon gar nicht um Weltanschauliches.

Zum Glück versagte ihm der Michelin nicht seine Unterstützung. Heute hat sich Passard mit seiner vegetarischen Küche in der Reihe der Top-Restaurants etabliert. Ein solcher Schritt, wie Passard ihn gemacht hat, ist schwieriger als mancher glaubt. Mit dem herkömmlichen Marktangebot an Gemüse und Kräutern kommt man auch in Frankreich nicht weit. Es bedarf intensiver Suche und Forschung nach perfekten Produkten. Passard hat in der Bretagne dazu eigene Gärten anlegen lassen, aus denen er täglich seine Ware bezieht.

www.alain-passard.com

„FALSCHES SUSHI“ MIT ORLEANS-SENF UND BLÜTEN

ALAIN PASSARD

1 Blatt Reispapier, etwa 28 cm
pro Person etwa 20 g Gemüse,
zum Beispiel:
schwarzer Rettich
Rote Bete
Rosa Rettich oder Radieschen
Karotte
Rotkohl
Steckrübe
Tomaten
Frische Kräuter, Salate und Blüten der Saison z. B. Kresse, Senfrauke, Ysop oder Lavendel

Das rohe Gemüse in Julienne schneiden und mischen. Das Reispapierblatt eine Minute in Eiswasser legen und einweichen. Anschließend auf einer trockenen Fläche ausbreiten. Nun mit 2 Zentimeter Abstand vom Teigrand eine Rolle aus dem fein geschnittenen Gemüse platzieren, etwa 1 Zentimeter breit und 2 Zentimeter hoch. Dann das Reispapierblatt um das Gemüse rollen, sodass über die gesamte Länge des Reisblatts eine Art Frühlingsrolle entsteht.

Diese Rolle nun in sechs gleich große Stücke schneiden. Jede einzelne Portion mit einer dünnen Schicht Orleans-Senf bestreichen und dann eine dicke Scheibe Gemüse wie bei Suhsi über jeden Abschnitt der Frühlingsrolle legen. Mit einem Hauch von Olivenöl sowie einigen Tropfen gereifter Sojasauce abrunden.

INDEX

BÜCHER DER EDITION PORT CULINAIRE

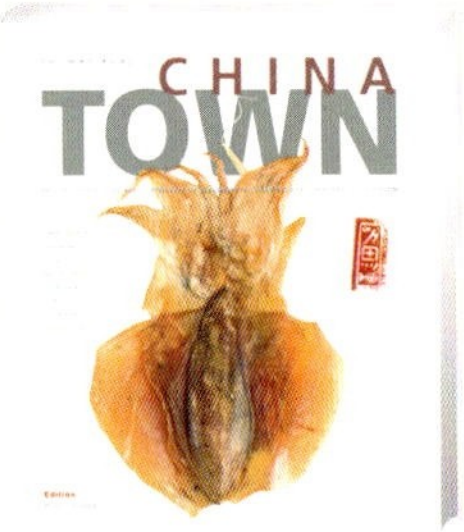

**Chinatown
Produkte, Rezepte und Geschichten über die Begegnung mit einem kulinarischen Parallel-Universum**

Autor: Thomas Ruhl
Fotograf/Gestalter: Thomas Ruhl
Rezeptautoren: Christian Bau, Michael Kreiling, Matthias Ludwigs, Olaf Niemeier, Tim Raue, Jörg Sackmann, Claudia Schröter
Umfang: 312 Seiten, Format: 24 x 28 cm
ISBN: 978-3-7716-4446-8

**Gutes Fleisch
Warenkunde, Stories, Grundrezepte und kreative Küche**

Auszeichnung: „Best Single Subject Cookbook" Gourmand World Cookbook Award 2009

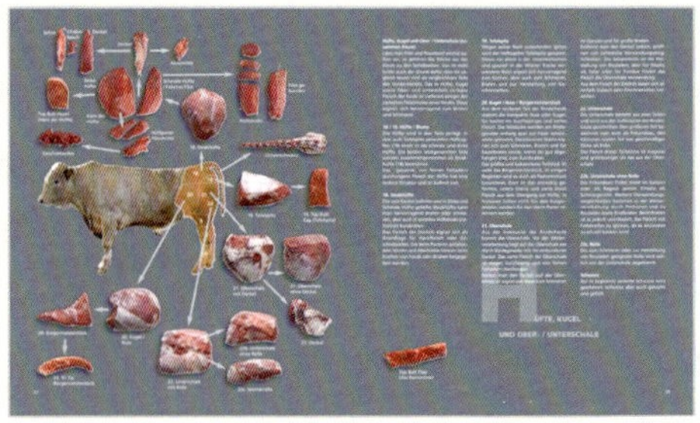

Autoren: Stephan & Wolfgang Otto, Thomas Ruhl
Fotograf/Gestalter: Thomas Ruhl
Rezeptautoren: Bernd Ackermann, Juan Amador, Heiko Antoniewicz, Christian Bau, Thomas Bühner, Patrick Coudert, Volker Drkosch, Klaus Erfort, Denis Feix, Nils Henkel, Patrick Kimpel, Kolja Kleeberg, Dieter Müller, Marco Müller, Cornelia Poletto, Alejandro & Christopher Wilbrand, Joachim Wissler, Eckart Witzigmann und Harald Wohlfahrt.
Umfang: 312 Seiten, Format: 24 x 28 cm,
ISBN: 978-3-7716-4405-5

**Avantgarde
Molekularküche und andere progressive Kochtechniken. Ein Grundkurs**

Autoren: Ralf Bos & Thomas Ruhl
Fotograf/Gestalter: Thomas Ruhl
Umfang: 176 Seiten, Format: 24 x 28 cm
ISBN: 978-3-7716-4386-7

Auszeichnung: Silbermedaille der Gastronomischen Akademie Deutschlands, 2009

**Das Culinarium der Süßwasserfische
Lexikon, Warenkunde, Küchenpraxis und Rezepte von Starköchen**

Autor/Fotograf/Gestalter: Thomas Ruhl
Rezeptautoren: Christian Bau, Denis Feix, Nils Henkel, Patrick Jabs, Dieter Müller, Michael Sobota, Sascha Stemberg
Umfang: 224 Seiten, Format: 24 x 28 cm
ISBN: 978-3-7716-4391-1

Auszeichnung: Silbermedaille GAD, 2009

DIE SEE – Das Culinarium der Meeresfische.

Auszeichnung: Gourmand World Media Award „Best of the world 2005", „Best of the Best Fish and Seafood Book 2008"

Autor: Thomas Ruhl
Rezeptautoren: Volker Drkosch, Ali Güngörmüs, Nils Henkel, Dag Stian Knudsen, Gilles Martin, Dieter Müller, Jörg Müller, Hakon Mar Örvarsson und Joachim Wissler
Umfang: 312 Seiten, Format: 24 x 28 cm
ISBN: 978-3-86528-235-4

**DIE SEE – Meeresfrüchte.
Das Culinarium der Weich- und Krustentiere.**

Auszeichnung: GAD 2008

Herausgeber / Fotograf: Thomas Ruhl
Rezeptautoren: Nils Henkel, Dieter Müller, Kevin Fehling, Jens Rittmeyer, Bernd Stollenwerk, Götz Rothacker, Olaf Niemeier und Joachim Wissler
Umfang: 312 Seiten, Format: 24 x 28 cm
ISBN: 978-3-86528-281-1

Trüffel und andere Edelpilze

Autoren: Ralf Bos & Thomas Ruhl
Umfang: 312 Seiten, Format: 24 x 28 cm
ISBN: 978-3-7716-4335-5

Auszeichnung: Goldmedaille der Gastronomischen Akademie Deutschlands, Good Design Award

Typisch Deutsch – Neues aus der klassischen regionalen Küche

Autoren: Jean Claude Bourgueil & Thomas Ruhl
Umfang: 312 Seiten, Format: 24 x 28 cm
ISBN: 978-3-7716-4338-6

Auszeichnungen: Kochbuch des Jahres 2007, GAD 2008

Die Philosophie der großen Küche

Autoren: Jean Claude Bourgueil & Thomas Ruhl
Umfang: 256 Seiten, Format: 24 x 28 cm
ISBN: 978-3-7716-4336-2

Auszeichnung:
Bestes Chef-Kochbuch der Welt 2001

Einfach und Genial – Rezepte aus der Kochschule des Meisters

Autoren: Dieter Müller, Nils Henkel & Thomas Ruhl
Umfang: 192 Seiten, Format: 24 x 28 cm
ISBN: 978-3-86528-262-0

Auszeichnung:
Silbermedaille der GAD 2003

Innovation durch Tradition – Christian Bau

Herausgeber / Fotograf: Thomas Ruhl
Rezeptautor: Christian Bau
Umfang: 312 Seiten, Format: 24 x 28 cm
ISBN: 978-3-86528-203-3

Auszeichnungen: „3 Sterne" = höchste Punktzahl im internationalen Kochbuch-Ranking.
Gourmand World Cookbook Award 2004
„Best Design", Goldmedaille der GAD 2005

Aufgegabelt – Auf die Plätze. Kochen. Los.

Autor: Mike Süsser
Fotograf/Gestalter: Thomas Ruhl
Umfang: 144 Seiten, Format: 24 x 27 cm
ISBN: 978-3-7400-2300-1

Auszeichnung: „Silberlorbeeren"
Historia Gastronomica Helvetica, 2009

Kulinarischer Sammelband, erscheint viermal jährlich!

Fundierte Warenkunde und Fachwissen • Interessante, amüsante Stories • Innovative Rezepte von Starköchen

No. ZERO
ISBN: 978-3-938173-26-8

No. ONE
ISBN: 978-3-938173-35-0

No. TWO
ISBN: 978-3-938173-36-7

No. THREE
ISBN: 978-3-938173-42-8

No. FOUR
ISBN: 978-3-938173-44-2

No. FIVE
ISBN: 978-3-938173-45-9

No. SIX
ISBN: 978-3-938173-53-4

No. SEVEN
ISBN: 978-3-938173-51-0

No. EIGHT
ISBN: 978-3-938173-73-2

No. NINE
ISBN: 978-3-938173-77-0

No. TEN
ISBN: 978-3-938173-81-7

No. Eleven
ISBN: 978-3-938173-93-0

No. Twelve
ISBN: 978-3-938173-98-5

Alle Ausgaben bleiben langfristig lieferbar!

156 Seiten, 24 x 28 cm, Edition Port Culinaire
Herausgeber und Fotograf: Thomas Ruhl

Auszeichnungen für Port Culinaire:

WINNER GOURMAND
Best of the world

"GOOD DESIGN AWARD"
The Chicago Athenaeum

LEADACADEMY
Newcomer Magazin des Jahres

DESIGNPREIS 2009
NOMINIERT

Weitere Informationen unter:
www.port-culinaire.de

Port Culinaire
Sicherer Hafen für Gourmets

PORT CULINAIRE
www.port-culinaire.de

Sie suchen ein exklusives kulinarisches Produkt oder Informationen darüber?

Einen handgeangelten Loup de mer, Winteredeltrüffel, Foie Gras oder einen Kapaun? Dann sind Sie auf dieser Internetseite richtig.

Port Culinaire TV

Television
Port Culinaire
www.port-culinaire.tv

Kochshows, Warenkunde, Reiseberichte und Starköche auf spannenden Filmbeiträgen.

IMPRESSUM

Autor: Thomas Ruhl

Herausgeber:
Edition Port Culinaire

Produktion:
Ruhl Studios, Köln

Fotografie, Typografie:
Thomas Ruhl

Texte:
Thomas Ruhl, Jasmin Oberdorfer, Denia Jäger, Hanjo Wimmeroth, Sybille Kärcher

Art Direction:
Petra Gril

Produktionsleitung:
Carola Gerfer-Ruhl

Lektorat:
Martina Kunrath

ISBN: 978-3-87515-044-5

Anschriften:
Edition Port Culinaire
c/o Ruhl Studios
Werderstraße 21
50672 Köln
Tel. 0221 / 56 95 94-0
info@port-culinaire.de
www.port-culinaire.de

MATTHAES VERLAG GMBH
Verlagsgruppe Deutscher Fachverlag
Silberburgstraße 122
70176 Stuttgart
Tel. 07 11 / 21 33-0
www.matthaes.de